Agnes Geering

Die Figur des Kindes in der mittelhochdeutschen Dichtung

Agnes Geering

Die Figur des Kindes in der mittelhochdeutschen Dichtung

ISBN/EAN: 9783337321208

Hergestellt in Europa, USA, Kanada, Australien, Japan

Cover: Foto ©Thomas Meinert / pixelio.de

Weitere Bücher finden Sie auf **www.hansebooks.com**

Die Figur des Kindes

in der

mittelhochdeutschen Dichtung

Inaugural-Dissertation

der

hohen philosophischen Fakultät

der

UNIVERSITÄT BERN

zur

Erlangung der Doktorwürde

vorgelegt von

Agnes Geering.

Von der philosophischen Fakultät auf Antrag des Herrn Prof. Dr. Vetter angenommen.

Bern, 2. November 1899.

Der Dekan: *Prof. Dr. E. Michaud.*

ZÜRICH,
E. Speidel,
Akadem. Verlagsbuchhandlung
1899.

Die Figur des Kindes

in der

mittelhochdeutschen Dichtung

Inaugural-Dissertation

der

hohen philosophischen Fakultät

der

UNIVERSITÄT BERN

zur

ERLANGUNG DER DOKTORWÜRDE

vorgelegt von

Agnes Geering.

Von der philosophischen Fakultät auf Antrag des Herrn Prof. Dr. Vetter angenommen.

Bern, 2. November 1899.

Der Dekan: *Prof. Dr. E. Michaud.*

ZÜRICH,
F. Speidel,
Akadem. Verlagsbuchhandlung
1899.

Meinem Onkel

Herrn Rudolf Sarasin-Thiersch

in

Liebe und Dankbarkeit

gewidmet.

Inhaltsverzeichnis.

	Seite
Einleitung	1
Kap. I. Der biographische Roman	6

Einleitung. Alexander. Tristan. Parzival. Rennewart. Wigalois. Lanzelet und Wigamur. Dietleib. Siegfried und Hagen. Wolfdietrich. Paris. Zusammenfassung. (Helmbrecht).

Kap. II. Die Liebe im Kindesalter 51

Einleitung. Flore und Blauscheflur. Sigune und Schionatulander. Engelhard und Engeltrut. Rennewart und Alyze. Alexander und Fillis. Meleranz und Tytomie. Partonopier und Meliur. Lichtenstein. Obilot. Das Kind im Armen Heinrich.

Kap. III. Das Kind in der Legende 77

Jesuskind. Maria. Johannes der Täufer. Die Heiligen des Passionals. Alexius. Josaphat. Charakterisierung der Legendenkinder im Allgemeinen. Verschiedene legendare Geschichten und Episoden von Kindern. Kain. Pilatus. Gregorius. Schluss.

Einleitung.

Für die epische Dichtung des Mittelalters ist es charakteristisch, dass sie häufig mit der Kindheitsgeschichte ihrer Helden anhebt, um schon im Kinde die Eigenschaften erkennen zu lassen, die den Charakter des Mannes ausmachen. In der Dichtung des Altertums trat das Kind meist nur als episodische Figur auf, um Mitleid oder Rührung zu erwecken, wie zum Beispiel das Söhnchen Hektors in der Ilias, und man darf wohl sagen, dass sich das Interesse an der Kindheitsgeschichte der Helden, mit Ausnahme der romanhaften Cyropädie, auf die historische Biographie beschränkt [1]. Ansätze zu einer Charakterisierung des Helden als Kind finden sich zwar da und dort: Hermes, der Gott der Listigen und Schlauen, entführt gleich nach seiner Geburt die Rinder Apollos, und Herakles erwürgt die Schlangen, die sich in seine Wiege geschlichen haben. Erst im ausgehenden Altertum macht sich jedoch das Bestreben, auch die Kindheit des Helden in den Rahmen der Dichtung aufzunehmen, allgemeiner geltend. Diese Aufmerksamkeit, welche das Kind immer mehr auf sich lenkt, verdankt es gewiss einem allmälig zunehmenden Interesse an der Entwicklungsgeschichte des Menschen, das für einen Fortschritt in der Selbsterkenntnis der Menschheit spricht und in der Litteratur die ersten, wenn auch noch so schwachen Anfänge eines auf psychologische Beobachtung gegründeten Romanes hervorbringt. Der Pseudo-Kallisthenes kennt eine sagenhafte Jugendgeschichte Alexanders, in welcher der grosse Eroberer als Sohn eines Zauberers gedacht wird und fast übermenschliche Kraft besitzt, und die sich in den ersten Jahrhunderten christlicher

---

[1] Über die Figur des Kindes im Drama vgl. C. Haym, de puerorum in re scænica græcorum partibus. Dissertationes philologicæ Halenses XIII, 4. Halis Saxonum 1897.

Zeitrechnung bildende Legende weist eine mit Wundern ausgestattete Kindheit Jesu auf, von der die kanonischen Bücher nichts wissen. Hier tritt nicht nur das Interesse an der Kindheit, sondern auch die Tendenz, Kindheit und Mannheit zu einem harmonischen Ganzen zu verbinden, um so deutlicher hervor, als die Kindheitsgeschichten erst später an die historisch überlieferten Gestalten anwachsen. Diese merkwürdige Erscheinung lässt sich durch das ganze Mittelalter hindurch verfolgen; an die verschiedensten geschichtlichen Gestalten knüpft sich eine sagenhafte Kindheitsgeschichte, in der sich schon alle diejenigen Züge im Kinde finden, welche in der Geschichte der betreffenden historischen Persönlichkeiten besonders hervortreten. Meist entspricht dem Übeltäter ein böses Kind, dem Heiligen ein heiliges, dem grossen Herrscher oder Kämpfer ein Wunderkind. Die Legenda aurea stempelt Judas schon als Kind zum Mörder, Ava führt Johannes den Täufer mit acht Jahren als Asketen auf, und die Weihenstephaner Chronik berichtet von den Herrschertugenden des zwölfjährigen Karls des Grossen [1]).

Mit diesem sich allmälig steigernden Interesse an dem Entwicklungsgang des Menschen gewinnt das Kind in der Litteratur eine ganz neue Bedeutung; es dient der Dichtung nicht länger als blosser Schmuck, sondern wird zu einem notwendigen Bestandteil des Ganzen, indem die spätere Geschichte des Helden von seiner Kindheit abhängig wird, und nur eine Übersicht über seinen ganzen Entwicklungsgang das rechte Verständnis für ihn gewähren kann. Nicht länger eine bloss episodische Figur, repräsentiert es vielmehr eine Vorstufe der vollendeten Heldenfigur,

---

[1]) Aretin, Älteste Sage über die Geburt und Jugend Karls des Grossen, München 1803. Diese sagenhafte Jugendgeschichte Karls hat eine Art Parallele im Altertum in der oben erwähnten Cyropädie Xenophons. Die Geburtsgeschichte Karls stimmt mit derjenigen des Pilatus überein und ist nach Creizenach (P. B. B. I, 103) erst in relativ später Zeit von Karl auf Pilatus übertragen worden. Dieser Meinung ist auch Schönbach (Anz. II, 328 f.). Singer glaubt das Gegenteil (Anz. XXIV, 293) und stützt seine Behauptung auf die etymologische Spielerei mit dem Namen Pilatus. Im niederdeutschen Gedichte Karl Meinet (ed. Keller, Bibl. d. litt. Vereins, XLV, A 5^b ff.) fehlen die für Karls Jugend so charakteristischen Züge der Chronik. Hier kehren die bekannten Episoden der Karlssage wieder: die Erniedrigung und Verstossung des zwölfjährigen Karl durch seine Halbbrüder Haenfrit und Hoderich, die Abenteuer in Spanien, das Liebesverhältnis mit Galia und der Ritterschlag durch König Galafers.

einen Helden im Kleinen, der im Kleinen schon alle Züge in sich vereinigt, aus denen sich das entsprechende Heldenideal zusammensetzt. Unter diesem Gesichtspunkte betrachtet, wird das Hauptresultat einer Untersuchung über die Figur des Kindes in der Dichtung sein, zu veranschaulichen, wie sich die Ideale der Zeit im Kinde widerspiegeln.

Die drei Ideale des Mittelalters sind Herrendienst, Frauendienst, Gottesdienst, oder mit andern Worten: Ritterschaft, Minne, Askese. Nach denselben ist meine Untersuchung eingeteilt. In meinem ersten Kapitel, dem ich zusammenfassend den Titel Der biographische Roman gebe, habe ich versucht, an den jugendlichen Gestalten der höfischen und nationalen Epik das ritterliche Ideal zu veranschaulichen. Das zweite Kapitel behandelt das in der epischen Litteratur häufig wiederkehrende Motiv der Liebe im Kindesalter, das dritte bespricht das Kind der Legende; in jenem wird am Kinde das Ideal irdischer, in diesem das Ideal himmlischer Liebe zum Ausdruck gebracht. Die beiden Kapitel stehen daher als Gegensätze einander gegenüber; aber ebenso gut bildet das erste Kapitel zum dritten einen Gegensatz, indem die Heldenlitteratur die weltliche, die Legendenlitteratur die geistliche Ritterschaft verherrlicht, und so könnte man denn statt der Dreiteilung auch eine Zweiteilung vornehmen und in dem Helden- und Liebesroman eine Verkörperung der heitern Weltanschauung gegenüber der asketischen in der Legendenlitteratur erblicken. Im Folgenden habe ich mich auf die dichterischen Erzeugnisse des deutschen Mittelalters, speziell der mittelhochdeutschen Periode beschränkt, aber alles bis dahin von der Litteratur des Mittelalters im Allgemeinen Gesagte gilt natürlich auch für die deutsche, deren Charakteristikum es im Mittelalter ist, den allgemein herrschenden Idealen zu huldigen und ältere nationale hinter denselben zurücktreten zu lassen. Deshalb lässt sich auch aus der mhd. Dichtung nicht der Typus eines deutschen Kindes herausschälen, sondern nur im Kleinen die für das Mittelalter überhaupt gültigen, seinen Idealen entsprechenden Kindertypen.

In Anbetracht dieses Sachverhaltes bin ich daher auch auf das Verhältnis der deutschen Dichter zu ihrer Vorlage des nähern nicht eingegangen. Eine genaue Vergleichung der deutschen Fassungen mit den entsprechenden französischen oder lateinischen hätte von meiner eigentlichen Aufgabe abgelegen und würde überdies schwerlich zu irgend welchen Resultaten geführt haben, da bekanntlich die direkte Quelle der meisten deutschen Dichtungen entweder verloren oder noch nicht ermittelt ist. Ebenso wenig wie die Ermittlung und Vergleichung der direkten Quellen habe ich eine chronologische Reihenfolge der behandelten Werke angestrebt; bei der Einheitlichkeit, welche die litterarischen Erzeugnisse des Mittelalters in Bezug auf Denkart und Geistesrichtung aufweisen, ist die chronologische Einteilung nicht erforderlich und würde hier im Gegenteil nur der Gruppierung des Stoffes, wie sie sich aus der Natur desselben fast von selbst ergiebt, Eintrag getan und den Gesamteindruck gestört haben.

Meine Untersuchung, die sich bloss auf die Betrachtung der Kindertypen unter den oben ausgeführten drei Gesichtspunkten erstreckt, kann nur ein bescheidener Teil eines Ganzen zu sein beanspruchen. Das an und für sich fast unerschöpfliche Thema liesse sich nach sehr verschiedenen Richtungen hin bearbeiten, und vor allem bedaure ich, dass die Zeit mir nicht erlaubt hat, aus den didaktischen Dichtungen und den häufigen Beschreibungen von und Erörterungen über Erziehung in der von mir behandelten Litteratur einen Beitrag zur Pädagogik des Mittelalters zu liefern. In engem Zusammenhang mit diesem Kapitel hätte die Beleuchtung des Verhältnisses zwischen Eltern und Kindern gestanden, worauf ich auch nicht mehr eingehen konnte. Die Arbeit nahm mir unter den Händen einen ästhetischen Charakter an, der die Möglichkeit ausschloss, die gelegentlich gestreiften Ansichten über Erziehung weiter auszuführen. Aber auch als bloss ästhetische kann die Untersuchung keine Ansprüche auf Vollständigkeit machen.[1]) Ich habe mich zwar bemüht, die da und dort begegnenden Nebenfiguren von Kindern mit aufzunehmen oder in Anmerkungen unterzubringen; dabei sind aber die betreffenden Kinder meist nicht zu ihrem vollen Rechte gelangt, da sich gerade bei den Nebenfiguren oft so natürliche, aus dem Leben gegriffene Züge finden, wie wir sie häufig bei den Hauptfiguren ganz vermissen. Zu

---

[1]) Auch die vielen Stellen, die mir bei meiner Lektüre aufgestossen sind, und die ich notiert habe, weil sie in irgend einer Weise auf das Kind Bezug nehmen oder eine Anspielung auf irgend einen behandelten Helden enthalten, habe ich bei weitem nicht alle verwerten können.

dieser Kategorie der Nebenfiguren rechne ich auch solche Kinder, die ganz episodisch in den lyrischen Dichtungen etwa auftreten, und erinnere hier nur an das schöne Kindheitslied des Wilden Alexander [1]). Diese Nebenfiguren unterscheiden sich von den Hauptfiguren vor allem dadurch, dass sie sich in keinerlei Kategorien ordnen lassen; da sie die Hauptaufmerksamkeit des Dichters nicht in Anspruch nahmen, konnten sie jener im Mittelalter alles durchdringenden Tendenz entgehen, die das Individuum dem Typus anpasste, und insofern nähern sie sich den Kindern in der modernen Litteratur, deren umgekehrte Tendenz es ja ist, alles psychische Leben möglichst naturgetreu wiederzugeben, und das Individuelle zur Geltung zu bringen.

Ehe ich zur Ausführung meiner Arbeit übergehe, sei es mir vergönnt, an dieser Stelle meinen hochverehrten Lehrern, Herrn Professor Dr. Vetter, der mich zu dem Thema anregte, und Herrn Professor Dr. Singer für alle Hilfe und Unterstützung, die mir im Verlaufe meiner Arbeit durch sie zu teil geworden ist, meinen warmen Dank auszusprechen. Auch den Herren Bibliothekaren der Hochschulbibliothek und der Stadtbibliothek in Bern, sowie allen denen, die in irgend einer Weise zur Förderung meiner Arbeit beigetragen haben, sei hiemit mein aufrichtiger Dank ausgesprochen.

---

[1]) Bartsch, Liederdichter 227. Nach Schröder (Z. f. d. A. XLII, 371 f.) ist Vorbild für das hier hübsch ausgeführte Motiv vom Erdbeerlesen Vergil 3. Ekloge, 92 f. Siehe auch Voigts Anmerkung zu Egberts von Lüttich Fecunda ratis, I, 22.

I. Der biographische Roman.

Sehr verschiedenen Ursprungs sind die Heldengestalten, welche die epische Dichtung des deutschen Mittelalters aufführt. Aus der Antike hat sie die gewaltige Gestalt Alexanders entnommen, dessen Darstellung in dem mit Sagen ausgestatteten Werke des Pseudo-Kallisthenes eine Art Übergang von dem antiken zu dem mittelalterlichen Roman bildet. Beliebter als die geschichtlichen Gestalten alter und neuerer Zeit, oder gar diejenigen des germanischen Heldentums, sind die keltisch-französischen Helden des Artussagenkreises, die den höfischen Heldentypus am vollkommensten zum Ausdruck bringen. Dieser gewinnt dermassen die Oberhand, dass auch jene im Ursprung so verschiedenen, dem Germanentum entsprungenen Helden davon beeinflusst werden, und Figuren wie Dietleib oder Hagen in den Bearbeitungen der Sagen aus dem zwölften und dreizehnten Jahrhundert einen höfischen Anstrich erhalten.

Im Gegensatz zu dieser bloss sekundären Ähnlichkeit, die aus der Tendenz hervorgeht, alle Helden dem höfischen Ideal anzupassen, weisen einige germanische Helden mit den keltischen einen gemeinsamen, vielleicht urverwandten Zug auf. Ich denke hier an das Märchenkind, den Dümmling, der, in der Kindheit faul und dumm, plötzlich die reichsten Gaben entfaltet und sich in jeder Beziehung als tüchtig erweist. Dieser Zug begegnet in der germanischen Sage schon bei Beowulf (2184 ff.) und wird in den alten bretonischen Volksgesängen von Morvan erzählt, später auf Peredur, (Parzival) übertragen (Gervinus, Gesch. d. d. Dicht. I, 4. Aufl. 251 f.). Das Isländische kennt für den Dümmling, der wie Thetleif in der Asche des Küchenfeuers liegt, den speziellen Namen *kolbítr* [1]). Nutt [2])

---

[1]) Siehe Cleasby-Vigfusson, Icelandic-English Dictionary 347.
[2]) Nutt, Studies on the Legend of the Holy Grail, London 1888. p. 152 ff.

zeigt in seinen „Studies", wie diese Märchenzüge heute noch im schottischen Hochland in dem Liede vom grossen Narren fortleben, und in den Märchen der verschiedensten Völker kehrt im Typus des „Jean de l'Ours" ¹) dasselbe Motiv wieder ²). Wie die germanischen Helden einerseits mit den keltischen Verwandtschaft zeigen, so finden sich andererseits in ihnen Züge, die Anklang an das Altertum haben: wie etwa bei Wolfdietrich das Verstossungsmotiv wiederkehrt, dem wir im Altertum bei Paris und Oedipus begegnen.

Wir haben es für die Jugendgeschichten der Helden mit zwei Haupttypen zu tun: dem Typus des höfischen Kindes, des Musterkindes, dessen Beanlagung und Erziehung zu den grössten Erwartungen berechtigen, einem Typus, der seinen vollkommensten Ausdruck in Tristan findet, und dem Typus des Dümmlings, dessen Hauptrepräsentant Parzival ist. Unter diese beiden Kategorien lassen sich die meisten Helden ordnen.

Schwierig ist es, die richtige Grenze für die Kindheit zu ziehen ³), da das Wort *kint* im Mittelhochdeutschen einen viel weitern Begriff ausdrückt als heute, und der junge Mann wie die Jungfrau häufig noch Kind genannt werden. Die Jahre der Kindheit im engern Sinne des Wortes schwanken zwischen sieben und zwölf, aber viel später erst geschah die Wehrhaftmachung, aus der sich die *swertleite*, der Ritterschlag, im Fortgang des Mittelalters entwickelte (s. Wackernagel a. a. O. 57) ⁴). Bis zu dieser

---

¹) Cosquin, Contes populaires de Lorraine, Paris 1887, I, 1 ff.
²) Zum Dümmlingsmotiv siehe ferner Hertz, Parzival, Stuttgart 1898, S. 435 ff.
³) Siehe Wackernagel, Die Lebensalter, Basel 1862, S. 46 ff.
⁴) Die Angaben über das Alter bei der Wehrhaftmachung, resp. dem Ritterschlag schwanken. Wackernagel (a. a. O. 55 ff.) giebt das zwanzigste Lebensjahr, Götzinger (Reallexikon der d. Altertümer, Leipzig 1881, S. 590) und Raumer (Gesch. d. Hohenstaufen VI, S. 551) das einundzwanzigste an; letzterer aber verzeichnet selbst Beispiele von frühern und spätern Verleihungen der Waffen, und mit Recht bemerkt Schröder (Lehrbuch d. d. Rechtsgeschichte, Leipzig 1889, S. 62, vgl. S. 254): „ein bestimmtes Alter für die Zeit der Wehrhaftmachung gab es nicht". Wackernagel selbst schränkt seine oben erwähnte Angabe ein, wenn er in seinem Aufsatz über das Ritterleben in Basel im Mittelalter (s. Kleinere Schriften I, 268, Anm. 1) sagt, dass Königs- und Fürstensöhne schon mit fünfzehn Jahren fähig waren, Waffen zu tragen, wobei er sich freilich auf die unhaltbare

I. Der biographische Roman.

Grenze soll im Folgenden die Jugendgeschichte der Jünglinge verfolgt werden, während uns freilich für die Mädchen eine entsprechende Altersgrenze fehlt. Da jedoch das Kind nicht als eine in sich abgeschlossene Figur erscheint, muss auch auf das ganze Leben Rücksicht genommen werden, wenn man das Kind im richtigen Lichte betrachten und vom ästhetischen Standpunkte aus korrekt beurteilen will. Allerdings gilt dies nur für die Erzeugnisse der grossen Dichter, da sich bloss bei ihnen ein erfolgreiches Bestreben nach psychologischer Vertiefung geltend macht. Bei den leeren Abenteuerromanen oder sonstigen unbedeutenden Dichtungen, denen ein individuelles Gepräge fehlt, muss sich die Untersuchung darauf beschränken, festzustellen, inwiefern und durch welche Mittel der Dichter seinen Helden diesem oder jenem Typus angepasst hat, wobei von besonderm Interesse ist, zu sehen, wie der oft einer

---

Angabe Grimms (R. A. S. 415) stützt, die auch Martin (Kudrun, Germ. Handbibl., Anm. zu 577, 1) benutzt; Grimm nämlich führt fälschlich als Beispiel Tristan an, der jedoch bei seinem Ritterschlag achtzehn Jahre alt ist, da er mit vierzehn Jahren geraubt wird (2129), und Rual ihn vier Jahre sucht, bis er ihn findet und seinen Ritterschlag befördert (3798. 4390 ff.). Bei höfischen Dichtern gilt vielleicht das achtzehnte Jahr für das normale. Gregorius kommt mit sechs Jahren in die Klosterschule (986) und bleibt zwölf Jahre dort (1375 ff.), ist also achtzehn bei seinem Ritterschlag (1474 f.). Mit Schionatulander nehmen im j. Tit. andere Fürsten *under dristunt sehs jaren* (1631, 3.) das Schwert. Die Söhne Kaiser Friedrichs, König Heinrich und Herzog Friedrich (s. Raumer a. a. O. II, S. 197 f.), deren Ritterschlag Veldecke (Eneide. ed. Behaghel, 13230 f.) erwähnt, sind neunzehn und zwanzig (s. Giesebrecht, Gesch. d. d. Kaiserzeit V, S. 616. 637). Bei Lamprecht (ed. Kinzel, V, 349 ff. Str. 410 ff.) ist Alexander fünfzehn Jahre alt, als er die Waffen nimmt, und damit stimmt die Angabe des Ms. de l'Arsenal (Alexandre le Grand dans la litt. fr. du moyen âge, ed. P. Meyer, Paris 1886, I, S. 28); in der Basler Bearbeitung (ed. Werner, Bibl. d. litt. Ver. CLIV, 661 ff.) dagegen ist Alexander zwanzig. Fünfzehn Jahre beim Ritterschlag sind auch Flore (Flore und Blanscheflur ed. Sommer, Bibl. d. ges. d. Nat. Litt. XII, 6971. 7504) und Martinus (Passional ed. Köpke, 593, 14 ff.). Orendel (ed. Berger, Bonn 1888, 175) ist erst dreizehn, ebenso Wolfdietrich (D. Heldenbuch IV. ed. Amelung und Jänicke) nach D III, 6:

> *Bouge und Wahsmuot waren ze einlif jâren komen.*
> *Wolfdietrich driuzehn jâr alt, alsô wirz haben vernomen.*
> *dô begundens houwen helm und schilles rant.*
> *sit wurden sie ze ritter, daz schuof ir ellenthaftiu hant.*

wenn man das *sit* als sogleich, sofort auffassen darf. (Über diese Bedeutung s. Bachmann, Mhd. Lesebuch, 2. Aufl., S. 28). Mabonagrin ist erst elf Jahre alt

andern Zeit und Geistesrichtung entsprungene Held in den Kreis mittelalterlicher Anschauungen gerückt wird.

Alexander. Des Pfaffen Lamprecht[1]), des Verfassers der ältesten deutschen Alexandreis, direkte Vorlage ist der nur als Fragment erhaltene Roman des Aubry de Besançon. In letzter Linie schöpfen die Alexanderdichtungen des Mittelalters aus dem etwa im 3. Jahrhundert n. Ch. entstandenen Werke des Pseudo-Kallisthenes. Hier erscheint Alexander als Sohn des Zauberers Nectanebus und der Olympias. Er erhält eine gelehrte Erziehung durch sechs weise Meister. Den Übergang zu seinem grossen Siegeslaufe bildet die bekannte Bucephalusepisode. Aubry und Lamprecht lehnen die Nectanebusfabeln ab, sei es, dass sie an denselben Anstoss nehmen, oder den Ruhm ihres Helden dadurch gefährdet glauben (Lampr. V. 71 ff. Str. 83 ff. V. 233 ff. Str. 266 ff.). Dagegen übernehmen sie jene sagenhaften Züge, welche zur Verherrlichung ihres Helden beitragen können,

---

(Erec 9462 ff.). Sehr jung muss auch Vivianz sein; denn er ist noch ohne Barthaare, und in seiner Klage über ihn sagt Willehalm, es wäre besser gewesen, wäre er daheim geblieben mit andern Kindern (Willeh. 67, 10 ff.). Bedeutend älter wird dagegen Willehalm bei seinem Ritterschlag gewesen sein; denn er ist der älteste von sieben Söhnen, zieht zugleich mit ihnen in die Welt und verweilt acht Jahre am Hofe, ehe er zum Ritter gemacht wird (s. Türlins Willehalm ed. Singer, Bibl. d. mhd. Litt. in Böhmen IV. XXIX, 29). Über zwanzig muss Wigalois (ed. Benecke, 1320 ff.) sein; denn zwanzig Jahre sind vergangen, seit Gawan Florie verlassen hat, ehe das Kind seinem Vater nachzieht, um ihn an Artus' Hof zu finden, wo er schliesslich zum Ritter geschlagen wird. Lichtenstein ist dreiundzwanzig (vgl. 4, 5 f. 5, 6 f. 10, 1. 10, 31 f.), Pipin, der Sohn Rothers vierundzwanzig (König Rother ed. Bahder, 5007). Mit diesem Alter stimmt eine Bemerkung Berhtungs in Wolfdietrich A. 315, 4 überein, wo er Wolfdietrich vorstellt, dass es in Griechenland nicht Sitte sei, vor dem 24. Jahre das Schwert zu nehmen. Dietwart endlich (Dietrichs Flucht ed. Martin, D. Heldenbuch II, 249. 277. 328 ff.) ist 30 Jahre alt beim Ritterschlag. Schon aus diesen Angaben allein ist ersichtlich, dass der Ritterschlag als Altersgrenze ein sehr dehnbarer Begriff ist. Raumer (a. a. O. VI, 551) nennt sogar einen Grafen Raymund Berengar, der mit fünfzig Jahren zum Ritter geschlagen wurde. Bis zu einer solchen Grenze werden selbstverständlich die hier zu behandelnden Helden nicht verfolgt. Oft ist es gar nicht möglich, ihr genaues Alter zu ermitteln, so z. B. bei Eilharts Tristant, Ulrich von Eschenbachs Alexander, bei Siegfried im Nibelungenlied, Hagen in der Gudrun, oder Pleiers Meleranz; im Allgemeinen darf jedoch geltend gemacht werden, dass die *swertleite* die Grenze der Kindheit bezeichnet, wie dies u. a. eine Stelle in Heinrich von Melks Erinnerung (ed. Heinzel, 518 ff.) bezeugt.

[1]) Lamprechts Alexander ed. Kinzel, German. Handbibl. VI.

zum Beispiel die Wunder, die Alexanders Geburt begleiten (V. 107 ff. Str. 131 ff.), oder die merkwürdige Beschreibung des Äussern Alexanders (V. 125 ff. Str. 149 ff.); denn die Fischhaare, die Löwenlocken, das Drachen- und das Greifenauge als Attribute von vier Tieren, die in je einem der Elemente leben, deuten symbolisch seine Herrschaft über die ganze Erde an[1]). Auch die Berichte über die merkwürdige Stärke und Grösse des Kindes werden aufgenommen (V. 115 ff. Str. 139 ff. V. 152 ff. Str. 178 ff.), obwohl sie mir in einem gewissen Widerspruch mit jener Anekdote in Alexanders späterm Leben zu stehen scheinen, nach welcher der Macedonier am Hofe des Darius seiner kleinen Gestalt wegen ein Zwerg genannt und ausgelacht wird (3107 ff. vgl. 4640 ff.). Somit hat die Quelle mit geringfügigen Ausnahmen Aubry-Lamprecht behagt; dagegen zeigen sich in den Berichten über Alexanders Erziehung Abweichungen von der ursprünglichen Überlieferung. Hertz[2]) bemerkt darüber: „Er (Aubry) behielt aus seiner lat. Quelle, der Epitome, die Sprach- und Schriftkunde, die Musik und die Geometrie bei, setzte aber an die Stelle der Rhetorik die Rechtspflege, und statt der Philosophie, die einen allzu gelehrten Anstrich hatte und nach den Ansichten des Mittelalters für einen Laien überhaupt nicht passte, musste Aristoteles den jungen König in der für die Seefahrt wichtigen Astronomie unterweisen." Hier haben also Aubry-Lamprecht den Anschauungen ihrer Zeit Konzessionen gemacht, indem sie die Erziehung ihres Helden so gestalteten, dass dadurch der ganze Mensch besser in den mittelalterlichen Rahmen passte.

So kurz auch die Jugendgeschichte Alexanders gefasst ist, lassen sich doch in dem jungen Helden einige für sein späteres Leben charakteristische Züge wahrnehmen. Der mächtige Macedonier, der seinem Ehrgeiz und seiner Eroberungssucht keine Grenzen zu setzen weiss, verkörpert jene *unmâze*, gegen welche die Didaktiker des Mittelalters so oft eifern, und von der Thomasin von Zirclaria[3]) sagt:

---

[1]) Siehe Singer, Hampe, Quellen des Strassburger Alexander, Anz. f. d. A. XVII, 199, Anm. 1.

[2]) W. Hertz, Aristoteles in den Alexanderdichtungen des Mittelalters, Abhandlungen d. k. bayr. Akademie d. Wissenschaften XIX, 11.

[3]) Der Wälsche Gast des Thomasin von Zirclaria, ed. Rückert, Bibl. d. d. Nat. Litt. XXX.

Unmáze ist des Zornes kraft,
Unmáze hât niht meisterschaft. 9899 f.

Diese Untugend äussert sich schon von früh auf in Alexander. Als kleines Kind blickt er wie der Wolf über seinem Essen, wenn ihm etwas zuwiderläuft (V. 121 ff. Str. 145 ff.). Mit zwölf Jahren stösst er einen seiner Meister über einen Stein, dass dieser den Hals bricht (V. 224 ff. Str. 255 ff.) — eine Reminiszenz an die Nectanebusfabeln [1]) — und zwar, wie Lamprecht beteuert, aus Unmut darüber, dass er ihn angelogen hatte; später äussert sich derselbe unbändige Sinn in der Bucephalusepisode, wo Alexander die Türe des Stalles einbricht (V. 303 ff.). Die *unmáze* lässt sich durch Alexanders ganzes Leben verfolgen: sie äussert sich wieder gegen Lysias (V. 411 ff. Str. 482 ff.), Pausanias (V. 529 ff.), in der Rache an Tyrus (V. 993 ff. Str. 1385 ff.), und erreicht ihren Höhepunkt in der stolzen Fahrt des Welteroberers nach den Pforten des Paradieses (6613 ff.), wo der mächtige Herrscher auch die Engelchöre bezwingen will. Ebenso siegesgewiss wie hier zeigt sich schon der fünfzehnjährige Jüngling, als er mit dem kühnen Versprechen vor den Vater tritt, alle diejenigen zu besiegen, die ihm den Zins verweigern, wenn er nur Waffen tragen dürfe (V. 349 ff. Str. 410 ff.), und dem Volke, das ihm dann in seiner Waffenrüstung jubelnd entgegenruft und ihn als König begrüsst, ebenso selbstvertrauend erwidert, dass sie abwarten sollen, bis er einem Könige die Krone vom Haupte gerissen haben werde (V. 365 ff. Str. 430 ff.).

Das Bild des jugendlichen Alexander ist im ganzen so geblieben, wie es schon der Pseudo-Kallisthenes überliefert. Das Interessante liegt nicht in den altbekannten Tatsachen und den immer wiederkehrenden Anekdoten über den grossen Macedonier, sondern in der Art und Weise, wie Lamprecht (und wahrscheinlich schon Aubry) das Vorhandene aufgefasst und verwendet hat. Lamprecht, der wie einst Salomo die „vanitatum vanitas" predigen will (V. 19 ff. Str. 19 ff.), hat zu dem grössten aller Herrscher und Eroberer gegriffen, um gerade an ihm, dem schliesslich nur sieben Fuss Erde übrig bleiben (7274 ff.), die Eitelkeit alles Irdischen zu zeigen. Mit diesem Gedanken verfolgt er Alexanders masslose

---

[1]) Vgl. Basler Bearbeitung von Lamprechts Alexander, ed. R. M. Werner, Bibl. d. litt. Ver. CLIV, 502 ff.

Bestrebungen von seiner Kindheit an bis zu den Pforten des Paradieses, wo seiner *unmâze* endlich ein Ziel gesetzt wird, und er an dem schönen Bild vom Steine, der zuerst schwerer wiegt als alles Gold und dann von einer Feder und einem Häuflein Erde aufgewogen wird, seine eigene Nichtigkeit erkennt (7114 ff.). Er, der einst auf seiner Siegeslaufbahn den Leuten des Landes Occidratis ihre Bitte nicht gewähren konnte, dass sie unsterblich sein sollten (4844 ff.), der trotz seines stolzen Mutes auf der gefährlichen Reise nach dem Paradiese selbst den Tod gefürchtet hatte (6696 f.), geht an seinem Lebensabend in sich und übt selbst noch jene *mâze* aus (7260 ff.), welche die Leser des sinnigen Gedichtes aus der Geschichte Alexanders lernen sollen.

Neben des Pfaffen Lamprecht Gedicht erscheint die Alexandreis Ulrichs von Eschenbach[1]) als eine Häufung von Abenteuern des grossen Eroberers ohne einheitlichen Gedanken; dennoch bietet sie gerade für die Jugendgeschichte Alexanders interessante Züge. Der bei Lamprecht noch viel mehr antik erscheinende Held ist hier schon ganz in den Rahmen des Mittelalters hineingerückt[2]). In diesem der Nachblütezeit[3]) angehörigen Gedicht tritt an die Stelle der sechs Meister Aristoteles allein; die gelehrte Erziehung fällt weg; dafür erteilt der Meister seinem Pflegebefohlenen weise Lehren über Pflichten des Herrschers und Tugenden des Menschen, wobei er nach christlich-mittelalterlichem Sinn das Gebet und das Ehren der heiligen Schrift ganz besonders empfiehlt (1383 ff.), wie dies auch in den Secreta Secretorum geschieht[4]). Noch deutlicher als

---

[1]) Alexandreis des Ulrich von Eschenbach, ed. Toischer, Bibl. d. litt. Ver. CLXXXIII.

[2]) Von den Alexanderdichtungen des Rudolf von Ems und Seifrits, wie der Verdeutschung des Quilichinus de Spoleto (s. Neuling, P. B. B. X, 315 ff.) sehe ich ab, da diese noch nicht herausgegeben sind.

[3]) Toischer (Über die Alexandreis Ulrichs von Eschenbach, Wiener Sitzungsberichte 1880) hält dafür, dass das Gedicht vor 1284 begonnen, nach 1284 vollendet worden sei (404). Hauptquelle ist Gualtherus de Castellione (312). Aus der Historia de proeliis sind die Nectanebusfabeln wieder aufgenommen (365), die übrigens auch in der Basler Bearbeitung des Lamprecht'schen Alexander stehen.

[4]) Toischer, Die altdeutschen Bearbeitungen der Pseudo-Aristotelischen Secreta Secretorum, Lehren des Aristoteles [C] 56 ff. 367 ff. Programm des k. k. d. Neustädter Staats-Obergymnasiums zu Prag 1884.

bei Lamprecht zeigt sich in dem jungen Alexander das Streben nach Ruhm und Herrschaft (1327 ff.).

sin gemilete stunt nâch strite
mêr dan ze der schrifte, 1294 f.

sagt Ulrich und erzählt, wie der Knabe sich aus der Schule losreisst (1298), oder seinem Lehrer über das auf seinem Vater lastende Joch des Darius, das er abschütteln will, unter Tränen klagt (1364 ff.), und vor Erregung und Kummer abwechselnd blass und rot wird (1329 ff.).

Dieses stürmische Wesen Alexanders wird auch in den oben angeführten Secreta Secretorum erwähnt (Anfang [C]), aber hier gelingt es dem weisen Aristoteles, seinen Schüler durch die Lehre vom federlosen Vogel, der zu früh aus dem Neste fliegen will, zu beschwichtigen ([C] 21 ff.). Einen andern Grund für Alexanders Ruhelosigkeit in der Schule giebt das Abenteuer Aristoteles und Fillis[1]) an. Hier durchkreuzt die allgewaltige Minne den Lehrplan des weisesten der Meister, und Alexander sitzt brummend wie ein Bär über seiner Arbeit (199). Das strenge Verfahren des philiströs geschilderten Aristoteles steht in seltsamem Widerspruch zu jener Stelle der Secreta Secretorum, wo Aristoteles ganz im Sinne des Mittelalters dem Schüler die Bewunderung und Verehrung der Frau eintrichtern will ([C] 169 ff.).

So nimmt die Sage von dem grossen antiken Helden ihre verschiedene Entwicklung, je nachdem der eine oder der andere dem Altertum entnommene oder später hinzugetretene Zug mehr ansprach und deshalb besonders sorgfältige Herausarbeitung erfuhr.

Tristan. In direktem Gegensatz zu Alexander steht Tristan, der in seiner Jugend die dem höfischen Ideal unentbehrliche *mâze* verkörpert, worunter man den Tugendbegriff des Aristoteles, die richtige Mitte zwischen dem Zuviel und Zuwenig verstehen kann. Dass sich die *mâze* mit der $\mathrm{\mathring{a}\varrho\varepsilon\tau\acute{\eta}}$, der *mediocritas illa, quae est inter nimium et parum, quae placet Peripateticis*, deckt, bezeugt am besten folgende Definition Thomasins von Zirclaria:

---

[1]) Von der Hagen, Gesamtabenteuer I, 21 ff. Die direkte Quelle dieser Geschichte kennen wir nicht, sie zeigt aber mit dem Lai d'Aristote bedeutende Ähnlichkeit. Siehe Benfey, Pantschatantra, Leipzig 1859, I, § 187. Bédier, Les Fabliaux, 2 éd. Paris 1895, p. 446. V. d. Hagen, Gesamtabenteuer I, LXXV.

> *Wizzet daz diu mâze ist*
> *des sinnes wâge zaller vrist.*
> *diu rehte mâze diu hât ir zil*
> *enzwischen lützel unde vil.*   9935 ff.

Die der Spielmannsversion der Sage folgende [1]) und, abgesehen von Fragmenten des ursprünglichen Gedichtes des zwölften Jahrhunderts, nur in einer Bearbeitung des dreizehnten erhaltene Dichtung Eilharts [2]) fasst Tristants Jugend sehr kurz. Das mutterlose Kind wird einer Amme, später dem trefflichen Kurneval anvertraut, während der Vater Riwalin in der ganzen Jugendgeschichte seines Sohnes keine Rolle spielt. Vom Meister angeregt, bittet Tristant seinen Vater, ihn in die Fremde ziehen zu lassen, und kommt mit Kurneval an Markes Hof, wo er die Liebe und Achtung Aller erwirbt, und, zum Jüngling herangewachsen, den Ritterschlag empfängt (120 ff.).

Diesem kalten, farblosen Bild steht Gottfrieds auf Thomas' nur in Fragmenten erhaltenes altfr. Epos zurückgehender Tristan [3]) lebensvoll und glänzend gegenüber. Der Dichter weiss seinen Helden so einzuführen, dass er gleich bei Allen Interesse und Mitleid erweckt: nicht nur die Mutter, auch der Vater Tristans ist gestorben, und das kleine Waisenkind erhält in Anbetracht dieser traurigen Umstände von dem getreuen Rual in der Taufe den Namen Tristan, denn *von triste Tristan was sîn nam* (2001), und mit Bezugnahme auf das spätere traurige Geschick seines Helden fügt Gottfried hinzu:

> *der name was ime gevallesam*
> *und alle wîs gebaere.*   2002 f.

Von seiner Ziehmutter Floraete bis zum siebenten Jahre sorgsam gepflegt, erhält auf Veranlassung Ruals Tristan sodann eine vorzügliche Erziehung; mit Kurvenal macht er Reisen, um ferne Länder zu sehen und fremde Sprachen zu lernen. Neben der Büchergelehrsamkeit pflegt er die Musik und übt sich in allen ritterlichen Künsten und Spielen, so dass er mit vierzehn Jahren vollendet erscheint an Zucht, Tugend und Bildung, und im ganzen Reich sich seinesgleichen nicht findet (2041 ff.). Diese Beteuerung bestätigt Gott-

---

[1]) Siehe Hertz, Tristan und Isolde, Stuttgart 1894, S. 468.
[2]) Eilhart von Oberge ed. Lichtenstein, Strassburg 1877.
[3]) Über dessen Quelle siehe Hertz a. a. O. 470 ff.

fried durch eine Reihe lebhafter Bilder, in denen er Tristan handelnd einführt. Auf dem Kaufmannsschiffe zieht er die Aufmerksamkeit der Kaufleute dadurch auf sich, dass er sie in ihrer Sprache anredet. Ihre Verwunderung steigert sich, als er, am Schachbrett sitzend, seine *zabelwörtelin* in ihrer Sprache einstreut. Bewundernd lauschen sie seinen schönen Weisen und Liedern, bis der Reiz seiner ganzen Persönlichkeit es dahin bringt, dass die Kaufleute sich mit dem schönen Kinde auf das Meer davonmachen (2217 ff.). Die betagten Pilger, denen Tristan sich in dem fremden Lande, wo ihn die Kaufleute ausgesetzt haben, zugesellt hat, können seine Manieren und seine Schönheit nicht genug bewundern und fragen sich, woher dieses fein gesittete Kind wohl sein möge (2740 ff.). Den Jägern König Markes beweist er an dem erlegten Wild seine Kunst des *entbestens* und erregt ihre Bewunderung dadurch in solchem Masse, dass sie ihn ersuchen, ihnen zu folgen. Als man seinen Namen vernimmt, meint einer, es wäre besser angebracht gewesen, ihn „*juvente bêle et la riant*" (3138) zu nennen (2841 ff.). Als der von Tristan geordnete Jagdzug sich der Burg nähert und des Kindes fröhliches Blasen die Hofleute aufschreckt, sticht Tristan gleich aus der Gruppe hervor, und nachdem Marke seine Kunst rühmen gehört hat, ernennt er ihn zu seinem Jagdmeister (3165 ff.), während sämtliche Hofleute nur das eine Lied wiederholen:

Tristan, Tristan li Parmenois,
Cum est bêâs et cum curtois! 3361 f.

Ihren Höhepunkt erreicht die Bewunderung Tristans, als dieser sich eines Tages als Künstler in Harfenspiel und Gesang erweist, und die in den verschiedensten Sprachen gesungenen Lieder seine ausgedehnte Sprachkenntnis verraten. Marke erwählt ihn nun zu seinem Freunde und Gesellen, denn er findet alles an ihm, was er nur wünschen kann (3520 ff.).

Bis ins Kleinste führt Gottfried die Züge des tadellos höfischen Kindes aus, das freilich alle kindliche Naivität und Einfalt eingebüsst hat, aber dafür jedes Wort, jede Handlung erwägt und der Situation aufs beste anpasst. So weit geht die Besonnenheit Tristans, dass er sich als Kaufmannskind ausgibt (3095 ff.) und vier Jahre ungekannt an Markes Hof weilt. Dieses Wesen charakterisiert Gottfried selbst am besten, wenn er an einer Stelle von Tristan sagt:

sin rede diu enwas kinden
niht gelîch noch sus noch sô, 3092 f.
oder an einer andern:
er haete sîne mâze
an rede und an gelâze. 2737 f.

Mit dieser *mâze* geht Tristans Liebenswürdigkeit Hand in Hand. Er ist der Liebling seines Pflegevaters, und die Pflegebrüder wenden sich deshalb an ihn, wenn sie von Rual etwas erlangen wollen (2167 ff.); von dem Neide der Brüder, der, wie die mit Gottfried aus gleicher Quelle schöpfende Tristrams Saga[1]) berichtet, aus dieser Bevorzugung entspringt, ist jedoch nirgends die Rede, so sehr ist Gottfried offenbar beflissen, das alle Herzen erobernde Wesen Tristans zur Geltung zu bringen. Am wüsten Strande, wo ihn die Kaufleute abgesetzt haben, weint Tristan in Gedanken an die nun um ihn trauernden Eltern (2587 ff.); aber am rührendsten äussern sich seine Gefühle, als er, seine höfische Würde einmal vergessend, dem als Bettler an Markes Hofe erscheinenden Rual in die Arme eilt und sich nicht schämt, ihn dem Hofgesinde als seinen Vater vorzustellen (3934 ff.).

Tief und wahr lässt Gottfried Tristan auch empfinden, als dieser von Ruals Lippen seine Geschichte erfährt. Nicht Freude ist es, die ihn beim Gedanken an die ehrende Verwandtschaft mit Marke erfüllt, nicht Rachegefühl gegen den Mörder des nie gekannten und deshalb nie geliebten Vaters wie in der Tristrams Saga[2]) und in dem englischen Sir Tristrem[3]). Tristan macht einen schmerzlichen Konflikt in seiner Seele durch: er hat durch die Offenbarung seiner Geschichte zwei Väter verloren und kann sich nur langsam in seine neue Lage finden (4360 ff.).

Als Herr von Parmenie und Erbe seines Oheims Marke soll Tristan nicht länger den Ritterschlag missen. Freudig sieht er diesem Ereignis entgegen; denn in seinen Adern fliesst jugendlich frisches Blut, und es drängt ihn, ein Mann zu sein und seine Manneskraft in den Dienst jeder Tugend und alles Heiligen zu stellen (4396 ff.). An der Grenze seines Jünglingsalters angelangt,

---

[1]) Tristrams Saga ok Isondar, ed. Kölbing, Heilbronn 1878, Kap. XVII.
[2]) Kölbing a. a. O. Kap. XXIV.
[3]) Sir Tristrem, ed. Kölbing, Heilbronn 1882, LXX.

sieht er mit grossen Vorsätzen dem Leben entgegen, und diesen folgen entsprechende glänzende Taten: die Rache, die er am Feinde seines Vaters ausübt (5313 ff.), die Befreiung Kurnevals von dem Bedrücker Morold (6011 ff.), die Bewährung der Treue seinem Oheim Marke gegenüber, dessen Dienst ihn schliesslich nach Irland und in die verhängnisvolle Nähe Isoldens führt (8633 ff.). Mit diesem Ereignis nimmt Tristans Leben eine jähe Wendung. Schon hat man ihn auf dem Wege geglaubt, alles im Leben zu verwirklichen, was seine glänzenden Gaben versprachen; da wird plötzlich aus dem massvollen Ritter der leidenschaftliche Liebende; an die Stelle von Treue und Aufopferung tritt Meineid, List und Betrug aller Art, an die Stelle von Tatkraft und Opferfreudigkeit ein trauriges Dahinsiechen in Liebesleid, das schliesslich den Tod herbeiführt und auf tragische Weise wahr macht, was Gottfried am Eingang seines Gedichtes von dem Schicksal seines Helden angedeutet hat (2004 ff.).

Der merkwürdige Kontrast zwischen dem Kinde und dem Manne Tristan kann bei Gottfried kein zufälliger sein. Es scheint, als hätte er alle Mittel angewendet, die Jugend und Erziehung seines Helden glanzvoll und untadelig zu schildern, um sie dann desto wirksamer zu Schanden zu machen durch seine spätere Geschichte. Von Tristans Vater hatte Gottfried am Anfang seines Werkes gesagt:

> *an ime brast aller tugende niht,*
> *der hêrre haben solde,*
> *wan daz er ze verre wolde*
> *in sines herzen lusten sweben*
> *und niwan nâch sinem willen leben.* 258 ff.

Ob der Dichter hier schon bei der Charakterisierung des Vaters die wahre Natur des Sohnes andeuten und dem Sprichwort, dass der Apfel nicht weit vom Stamme fällt, gerecht werden wollte, ist schwer zu sagen. Genug, er lässt die Natur zu ihrer Geltung kommen, gegenüber welcher sich die viel gepriesene *mâze* als machtlos erweist, und feiert den Triumph der Leidenschaft, die alle von der Erziehung und Gewohnheit auferlegten Fesseln schliesslich bricht. Gottfried hat uns schon die Erziehung Tristans als Zwang

empfinden lassen[1]: als der siebenjährige Knabe sich hinter die
Bücher machen muss, bricht G. in die Klage aus:

> *daz was sin êrstiu kêre*
> *ûz sîner frîheite:*
> *dô trat er in daz geleite*
> *betwungenlîcher sorgen,*
> *die ime dâ vor verborgen*
> *und vor behalten wâren.* 2066 ff.
> . . . .
> *in sîner êrsten frîheit*
> *wart al sin frîheit hin geleit.* 2081 f.

Für Gottfried besteht die Freiheit nicht in der Selbstzucht,
die er als Zwang empfindet, sondern vielmehr darin, dass man sich
dem Genusse des Augenblickes rückhaltlos hingibt, und deshalb
kann er auch das ehebrecherische Verhältnis seiner Liebenden mit
dem ganzen Zauber seines Dichtergenies verherrlichen.

Parzival. Als Typen der *mâze* und *unmâze* sind Alexander
und Tristan Gegensätze, aber ihre Jugendgeschichte hat viele Be-
rührungspunkte, insofern als beide eine sorgfältige Erziehung geniessen, und ihre Beanlagung zukünftige Tüchtigkeit erwarten
lässt. In dieser Hinsicht stehen beide dem Dümmling gegenüber,
der, in der Jugend vernachlässigt oder verachtet, sich trotzdem
günstig entwickelt und zur glücklichsten Entfaltung gelangt. Das
alte Dümmlingsmotiv hat im Parzival[2] Wolframs seine schönste
Vertiefung und Veredlung erfahren. Parzival wächst in tiefer
Waldeinsamkeit auf, da seine Mutter ihn von dem gefährlichen
Ritterleben, dem ihr Gemahl zum Opfer gefallen ist, fernhalten
will. Ohne Ahnung von der Welt, ihrem Rittertum und ihren
Sitten, ist Parzival ein echtes Naturkind. Mit seinem *gabylôt*
stellt er dem Wilde nach oder erlegt mit selbstgeschnitzten
Bolzen die Vögel, worauf ihn aber Mitleid für die schönen Sänger

---

[1] Über die Gefahren einer zu strengen Erziehung äussert sich auf merk-
würdige Weise der anonyme Dichter der sogen. Vorauer Novelle (ed. Schönbach,
Studien zur Erzählungslitteratur des Mittelalters, II, Sitzungsber. der k. Ak. in
Wien, CXL, 47 ff.) und zeigt deren schlimme Folgen an zwei Knaben, die, der
strengen Zucht des Klosters überdrüssig, aus demselben entrinnen, zu einem
Nigromanten kommen und sich dem Studium seiner teuflischen Kunst hingeben.

[2] Die direkte Quelle Wolframs ist nicht vorhanden. Dass es Chrétien
nicht sein kann, hat neuerdings Hertz zu beleuchten gesucht, Hertz, Parzival,
Stuttgart 1898, S. 417 ff.

erfasst, so dass er weint und seine Haare rauft; denn das kindliche Gemüt ist für den Gesang der Vögel so empfänglich, dass er ihm Tränen entlockt, wenn er auch der Mutter, bei der er instinktiv Trost sucht, nicht sagen kann, warum er weint (118 ff.). Von den *betwungenlichen sorgen* Tristans und dem Verluste der kindlichen Freiheit weiss Parzival nichts. Er lernt aus dem Buche der Natur, dessen Sprache ihm tief in die kindliche Seele dringt, oder vernimmt von der Mutter die erste Belehrung über Gott, welchen Begriff ihm Herzeloyde dadurch verständlich machen will, dass sie ihn als etwas Lichtes schildert, das heller ist als der Tag, im Gegensatz zu dem schwarzen Höllenwirt (119, 17 ff.). Echt kindlich fasst Parzival diese Lehren auf. In seiner Phantasie bleibt ein lebendiges Bild des Lichten und Schwarzen zurück, und bei einem fremden Geräusch, das ihn eines Tages auf dem Birschgang überrascht, denkt er gleich an den Teufel und bereitet sein *gabylôt* zur Verteidigung. Als aber statt des erwarteten Teufels drei glänzende Ritter erscheinen, glaubt Parzival in ihnen Gott zu erblicken, und sein tief religiöses Gefühl äussert sich zum ersten Mal in der Anbetung der Ritter, vor denen er auf die Kniee fällt (120, 11 ff.).

Mit dem Erblicken der Ritter hat für Parzival eine neue Periode seines Lebens begonnen; eine neue Welt hat sich ihm erschlossen. Er hat von Ritterschaft gehört, und dass er jenen glänzenden Wesen gleich werden könne, wenn er sich nur zu Artus begebe. Wald und Natur sind ihm verleidet. Sein jugendlicher Tatendrang treibt ihn in die Welt; er ist plötzlich den unschuldigen Freuden auf dem Birschgange entwachsen, und die Mutter sieht ihren Plan vereitelt; denn in ihrem Sohne macht sich die Art des Vaters geltend, und Parzival muss, wie einst Gahmuret, sein Glück im gefährlichen Ritterleben suchen.

Für das Alter des ausziehenden Parzival gibt Wolfram keinerlei Anhaltspunkte. Aus den Worten Chrétiens[1]:

> *Quatorze ans a la dame esté*
> *En la foriest et conviersé,*   1213 f.

mit denen er die Jugendgeschichte Percevals beginnt, geht das Alter des Helden nicht klar hervor; wahrscheinlich wird aber der

---

[1] Perceval le Gallois ed. Potvin. Mons 1866.

Knabe bei der Begegnung mit den Rittern als vierzehnjährig gedacht. Viel älter wird er auch bei Wolfram nicht sein; denn beim ersten Gralbesuch ist er noch ohne Bart (244, 7 ff.), und später noch wird er an Artus' Hof als *der junge âne bart* (307, 7) bezeichnet. Merkwürdig ist also bei Wolfram der rasche Übergang Parzivals von den Kinderjahren in die Jünglingsjahre; denn man denkt sich ihn im Walde auf den Knieen vor den Rittern unwillkürlich noch als Kind, und an Artus' Hof angelangt, ist er doch schon ein Knappe und kann die Waffen Ithers tragen.

Von der tiefen Kluft, die Parzival von der höfischen Gesellschaft am königlichen Hofe scheidet, hat der Weltunerfahrene keine Ahnung. Fröhlich zieht er auf schlechtem Rösslein in Narrenkleidern in die Welt hinaus, und Wolfram, der mit sichtlicher Freude das Bild des naiven Dümmlings entwirft, ruft mit köstlichem Humor Hartmann von Aue zu, es komme seiner Herrin Ginover und seinem Herrn, dem Könige Artus, ein Gast ins Haus; er solle bitten, dass man ihn vor Spott schütze; denn er sei weder Geige noch Harfe, man solle sich ein anderes Spielzeug nehmen (143, 21 ff.). Haben schon die Ritter im Walde Parzival einen *toerschen Waleisen* (121, 5) genannt, so glaubt Jeschute, er sei ein *garzûn, gescheiden von den witzen* (132, 6 f.). Das Bild des Narren, der zum ersten Mal den Zaum handhabt, muss Wolframs Zeitgenossen einen sehr lebhaften Eindruck gemacht haben, wie die Stelle in der Alexandreis Ulrichs von Eschenbach bezeugt, wo der Dichter Alexanders ersten Ritt auf Bucephalus erzählt:

daz wart beriten Puzivâl
den zem êrsten Parzivâl
sîn ors, daz im von Ither kam,
dô er im daz leben nam.   1707 ff.

Ebenso lebendig wie den Eindruck, den Parzival auf die Leute macht, schildert Wolfram auch die Wirkung alles Neuen und Fremden auf den Dümmling. Den Ritter im Walde fragt er, was er denn sei, er trage Ringlein an den Leib gebunden wie seiner Mutter Jungfrauen an Schnüren, und auf die Erklärung des Ritters hin bemerkt er schlagfertig, dass, wenn die Hirsche im Walde auch mit solchen Ringen versehen wären, sein *gabylôt* sie nicht töten könnte (123, 21 ff.). Die fernen Türme und Dächer hält er für eine Saat des Königs Artus, dem er dafür grosse Wunderkraft zugesteht. Er vergleicht damit die Saaten seiner Mutter und meint, ihr Volk hätte sich auf das Bebauen des Landes nicht verstanden (161, 23 ff.). Seiner Unwissenheit gemäss ist sein Benehmen tölpelhaft und sticht in allem von den Manieren der höfischen Kreise ab. Ohne den höfischen Abschied entfernt er sich von Jeschute, nachdem er, den Rücken der Wirtin zugekehrt, einen guten Kropf gegessen und manchen Trunk getan hat (132). Hastig reitet er auf die Burg des Artus zu, glaubt aber viele Artus zu erblicken und weiss nicht, wer ihn zum Ritter machen soll. Ungeduldig fordert er vom Könige den Ritterschlag und will nicht einmal bis zum Morgen warten, sondern stürzt wieder auf den Platz vor der Stadt, um den Kampf mit Ither aufzunehmen, dessen rote Waffen er in kindisch eigensinniger Weise von Artus zum Geschenk erzwingen will (147, 19 ff.). Aber mit der Rüstung des Erschlagenen weiss er nichts anzufangen, bis der gefällige Knappe Iwanet ihm zu Hilfe eilt, das Muster eines Knappen, den Wolfram hier wohl herangezogen hat, um Parzivals Tölpelhaftigkeit desto besser von dessen höfischem Wesen und Vertrautheit mit ritterlichen Dingen abstechen zu lassen. Er entwappnet den gefallenen Ither und will Parzival seine Rüstung anlegen, hat aber seine liebe Not mit dem Dümmling, der nicht zu bewegen ist, die Narrenkleider auszuziehen, die ihm seine Mutter gegeben hat. So wunderlich dies den höfischen Iwanet dünkt, muss er Parzival gewähren lassen und ihm die Rüstung über die Narrenkleider anschnüren. Darauf verlangt Parzival Köcher und *gabylôt;* denn er kennt sonst keine Waffe — hat er doch Schionatulander von einem *gabylôt* getötet geglaubt (139, 2), seiner Mutter versprochen, Lähelin damit zu verwunden (128, 11 ff.), und Ither selbst damit ums Leben gebracht (155, 6 ff.) — doch hier trägt Iwanet den Sieg davon. Er besteht darauf, dass sich das *gabylôt* mit Ritterschaft nicht vertrage, und gürtet Parzival ein scharfes Schwert um, und nachdem dieser sich ohne Stegreif auf Ithers hohes Ross geschwungen und von Iwanet die nötigsten Anweisungen über die Handhabung des Schildes und des Speeres empfangen hat, reitet er vergnügt weiter in vollem Bewusstsein seiner neuen Ritterwürde (156, 11 ff.), die er aber auch höchst kindlich auffasst; denn nicht nur missbraucht er sein edles Pferd und reitet es länger an einem Tag als ein

Weiser in zweien (161, 17 ff.), sondern, an der Burg des Gurnemanz angekommen, ist er kaum zu bewegen, sein Tier zu verlassen, weil er meint, dass er als *riter* (Ritter) auch immer zu „reiten" verpflichtet sei (163, 21 ff.).

Ist es dem Dichter gelungen, durch diese und ähnliche Episoden ein ebenso lebendiges als humoristisches Bild des jugendlichen Helden zu entwerfen, der ohne jede Kenntnis der ritterlichen Sitten doch kühn und ohne Scheu seinem Ziele entgegenstrebt, unbewusst des merkwürdigen Eindruckes, den er auf sämtliche Menschen machen muss, so begnügt sich Wolfram doch nicht mit der blossen Komik, die sich oft zur leichten Satire des höfischen Wesens steigert. Sein Held soll kein Clown sein, der nur zum Lachen reizt. Er hat tiefere Absichten mit ihm und verfolgt in seiner Jugendgeschichte seine psychologische Entwicklung, die er am Eingang des Gedichtes schon angedeutet hat, wo er Parzival als *küene, trâclîche wis* (4, 18) begrüsst.

Die seelische Entwicklung Parzivals ist tief und folgerichtig dargestellt. Das Kind, dem beim Vogelsang Tränen von den Augen stürzen, und das in kindlicher Frömmigkeit die glänzenden Ritter anbetet, spiegelt sich im Jüngling wieder, dem das Ritterideal schon mächtig in die Seele gedrungen ist, obgleich er es noch so wenig begreift, dass er sich selbst ein Ritter zu sein dünkt zu einer Zeit, wo er noch die Narrenkleider auf dem Leibe trägt und mit dem *gabylôt* in den Kampf ziehen will. Und ebenso erkennt man den stürmischen Jüngling in spätern Jahren wieder, wo er, etwas Höheres als bloss irdisches Rittertum suchend, König des Grales werden will und doch die Frage der Barmherzigkeit versäumt hat. Überall hinkt die Weisheit, das Verständnis, dem guten Willen nach, und deshalb wird Parzival oft ungeduldig, verzagt, schliesslich von Verzweiflung ergriffen. So wie er grollend von Artus wegreitet, weil dieser den ungelenken Burschen in Narrenkleidern nicht Knall und Fall zum Ritter schlug, kehrt er sich später verzweifelt von Gott ab, weil er ihn trotz seines guten Willens nicht angenommen und zu Ehren erhoben hat. Hatte ihn der ihm als etwas Zauberhaftes vorschwebende Hof des Artus enttäuscht, so dass er von ihm sich wegwendet, um anderweitig sein Glück zu suchen, so ist von dem Moment an, wo die Gralbotin ihm flucht, ein anderes, höheres Ideal zerstört, und nicht in kindlicher Einfalt wie einst seiner Mutter, sondern in finsterer Verzweiflung stellt er die Frage: *wê, waz ist got?* (119, 17. 332, 1). Um so schwerer lasten die Demütigungen und Enttäuschungen auf Parzival, als er von klein auf bestrebt ist, das Beste zu tun. Wörtlich, aber ohne Unterscheidung hatte er schon die Ratschläge der Mutter befolgt, die sie ihm zum Abschied auf den Weg gab. Besorgt, die dunkeln Furten zu meiden, getraut er sich nicht einmal über das kleine, nur von Blumen und Gräsern beschattete Bächlein (129, 7 ff.); an der im Zelte schlafenden Jeschute führt er in kindischer Tölpelhaftigkeit die höfischen Anweisungen der königlichen Herzeloyde aus, wie er sich gegen Frauen zu benehmen habe (130, 26 ff.): eine Episode, die der dem Minnedienst huldigenden Gesellschaft besonders grotesk und lächerlich erscheinen musste. In seiner Naivetät bietet er jedem denselben Gruss, wie ihm die Mutter es geboten hat (132, 23. 138, 7, 25 etc.). Seine kindliche Phantasie kombiniert mit Ither, nach dessen Waffen er lüstern ist, gleich den Feind seines Vaters, Lähelin, und er tötet ihn mit dem *gabylôt*, dem der Mutter gegebenen Versprechen gemäss (154, 25 ff.). Vertrauensvoll kehrt er bei Gurnemanz ein, weil Herzeloyde ihn an die greisen Häupter gewiesen hat (162, 27 ff.), und so bringt ihm denn die getreue Befolgung der Ratschläge seiner Mutter bald Heil, bald Missgeschick. Heil bringt ihm das unumschränkte Vertrauen zu Gurnemanz, von dem er sich in allen Stücken belehren lässt, was Parzival selbst einsieht und in den rührenden Worten ausspricht:

> *got müeze lônen iu und ir* (Herzeloyde).
> *hêrre, ir tuot genâde an mir.*   169, 13 f.

Die Narrenkleider und alles törichte Wesen sind bei Gurnemanz abgelegt worden, und als tadelloser Ritter reitet Parzival von der Burg seines Gönners weg:

> *riters site und riters mâl*
> *sin lip mit sühten fuorte.*   179, 14 f.

Dennoch hat Parzival nicht ausgelernt, und mancher Konflikt steht ihm noch bevor. Auf der Gralburg verfällt er in seinen alten Fehler und versäumt die Barmherzigkeitsfrage (316), in zu wörtlicher Befolgung des Rates, den Gurnemanz ihm gegeben hat, nicht zu viel zu fragen (171, 17).

Der Dichter sieht in Parzival einen jener Auserwählten, denen, gerade weil sie es ernst nehmen, nichts durchgelassen wird. Sein tölpelhaftes Benehmen Jeschute gegenüber und den Raub ihres Schmuckes muss er später in hartem Kampfe gegen Orilus gut machen, nachdem ihm der traurige Zustand der von ihrem Gatten wegen vermeintlicher Untreue misshandelten Jeschute gezeigt hat, wohin seine Dummheit führte (256, 11 ff.), und beim Eide, den er ablegt, um ihre Treue zu beschwören, kann er bekennen: *ich was ein tôre und niht ein man, gewahsen niht pî witzen* (269, 24 f.). Des Verbrechens, das er an Ither verübt, als er ihn, der nur mit ihm spielte, erstach und darauf den *rêroup* an ihm beging, wird er sich erst bei Trevrizent bewusst; aber obgleich er es bereut (473, 28 ff., 475, 4 ff.), muss er noch dafür büssen, indem das Schwert Ithers, das er stets im Streite gebraucht hat, in dem verzweifelten Kampf mit Feirefiz zerbricht:

> *got des niht langer ruochte,*
> *daz Parzivâl daz rê nemen*
> *in siner hende solde zemen.*   744, 14 ff.

Der Vertreter der geistlichen Ritterschaft muss von jeder Sünde frei werden. Sein Läuterungsprozess muss zur Vollendung gediehen sein, ehe er zum Königtum des Grales gelangt. Dieses Geheimnis spricht die Gralbotin aus, als sie Parzival die frohe Botschaft seiner Wahl verkündigt:

> *du hetes junge sorge erzogen:*
> *die hât komendiu fröude an dir betrogen.*
> *du hâst der sêle ruowe erstriten*
> *und des lîbes fröude in sorge erbiten.*   782, 27 ff.

Das hat mittlerweile auch Parzival, der *trâcliche wîs* selbst erkannt, denn demütig bekennt er der Gralbotin, dass die Freude, die ihm jetzt zu teil werden soll, ihm früher noch nicht zum Heil hätte gereichen können (783, 15).

In seiner Kindheit der Dümmling, das Gegenstück zum höfischen Kinde, ist der nach einem höhern Rittertume trachtende Jüngling das Gegenstück zu der bloss nach irdischem Ruhm und Genuss strebenden Ritterschaft, oder vielmehr ihres Repräsentanten Gawan. Dieser ernste Zug ist in Parzivals Natur begründet und zeigt sich schon früh. Er weiss nichts von den Ausschweifungen Gawans. Das läppische Spielen mit den Frauen hat für ihn keinen

Reiz, und die ängstliche Herzeloyde, die vielleicht auch im Gedanken an das abenteuerliche Leben Gahmurets, der seine erste Geliebte verlassen hat und auch an ihrer Seite nicht bleiben konnte, das Ritterleben fürchtete, hätte ohne Sorgen für ihren reinen Sohn sein können; denn Parzival bildet ein Widerspiel zu Gahmuret, mit dessen weitläufiger Geschichte Wolfram gewiss eine Kontrastwirkung beabsichtigte, Parzival hat von der Mutter die treue Liebe, die ihr schliesslich das Herz bricht, geerbt, und bleibt rein und unbefleckt. Zur Umarmung der reizend geschilderten Jeschute bewegt ihn nur der Eifer, seiner Mutter zu gehorchen, kein sinnlicher Drang, was die Worte Wolframs mit der feinen Anspielung auf Gahmurets Natur im Gegensatz zu der seines Sohnes genügend bezeugen [1]):

> *het er gelernt sins vater site,*
> *die werdecliche im wonte mite,*
> *diu bukel waere gehurtet baz,*
> *da diu herzoginne al eine saz.*   139, 15 ff.

Die schöne Liaze küsst er schamhaft und nur, weil Gurnemanz ihn dazu auffordert (176, 8 ff.), und zwar ist dieses zurückhaltende Wesen nicht auf Rechnung der Unerfahrenheit und Tölpelhaftigkeit zu schreiben; denn Parzival bewahrt es auch später noch: als endlich die Liebe mächtig über ihn kommt bei dem Anblick Condwiramurs, weiss er sich zu enthalten, auch als die Schöne an seinem nächtlichen Lager steht und ihn um Hilfe gegen ihre Feinde anfleht (193). Ihn kann nicht, wie Gawan, die Aufforderung zur Befreiung der in *schahtel marveile* gefangenen Jungfrauen locken, und selbst in jener trüben Periode, die auf den Besuch in der Gralburg folgt, liefert er einen rührenden Beweis seiner Gattentreue, als er bei dem Anblick der Blutstropfen im Schnee an die Schönheit Condwiramurs erinnert wird und in starres Sinnen verfällt, bis Gawan ein Tuch über die Blutstropfen wirft (296 ff.). Im stolzen Bewusstsein der Treue seines Helden wirft Wolfram die Frage auf:

> *ob er kein' ander grüeze,*
> *daz er dienst nâch minne biete*
> *und sich unstaete niete?*   732, 4 ff.

---

[1]) Diese Auffassung mit Unrecht bestritten von Braune, P. B. B. XXVII, 191 f.

und gibt dann selbst die Antwort:

> *solch minne wirt von ime gespart.*
> *grôz triuwe het im sô bewart*
> *sîn manlîch herze und den lîp,*
> *für wâr nie ander wîp*
> *wart gwaldec sîner sinne*
> *niewan diu Küniginne*
> *Conduîr âmûrs.* 732, 7 ff.

Mit der rhetorischen Frage, ob sich Parzival je der *unstaete* beflissen habe, will Wolfram die schönste Tugend seines Helden, die *staete*, seinen Lesern nur um so deutlicher zum Bewusstsein bringen, denn er verkörpert geradezu jene im Charakter selbst begründete Tugend, ohne die jede andere wertlos ist, wie Thomasin von Zirclaria es in den Worten ausdrückt:

> *dehein man ist tugenthaft,*
> *er enhabe an staete kraft.* 4349 f. vgl. 1819 f.

Sie steht im Gegensatz zu der bloss anerzogenen, höfischen Tugend, der *mâze*, jener glänzenden Eigenschaft Tristans, mit der er die Augen blendet, Herzen gewinnt und Sinne berauscht, ohne dass sie ihn selbst vor Sünde wahren kann, während Parzival als Sieger aus allen Versuchungen hervorgeht, weil ihm die *staete* innewohnt.

Wolfram hat in Parzival unbewusst die beschaulichen Belehrungen Thomasins von Zirclaria über die *staete* ins Leben umgesetzt, die Gervinus (a. a. O. 4. Auflage, 433) als die Lehre vom sittlichen Grundsatz bezeichnet. Tristan gegenüber, der im rückhaltlosen Schwelgen in sinnlichen Freuden aufgeht, erscheint Parzival als der Träger einer ernsten, sittlichen Weltanschauung, und so hält Wolframs Dichtung die Mitte zwischen derjenigen Gottfrieds und Lamprechts; denn obgleich man seinen Alexander selbst nicht als Träger einer asketischen Weltanschauung gelten lassen kann, so liegt doch der Keim zu derselben in Lamprechts Grundgedanken, dass alles Eitelkeit ist.

Das Alexanderlied, Tristan und Parzival haben auf die Untersuchung der Jugendgeschichte ihres Helden hin ergeben, dass die Dichter schon im Kinde zeigen, was den Mann charakterisieren soll. Im Knaben Alexander erblickt man den zukünftigen Eroberer und Herrscher, in Tristan den liebenswürdigen und gewandten Weltmenschen, dessen geschmeidiges Wesen gegen die Versuchungen einst machtlos sein wird, in Parzival den in sich gegründeten und gefesteten Charakter, der trotz ungünstiger Umstände zu herrlicher Entfaltung gelangt. Die Vergleichung des Kindesalters mit dem Mannesalter hat ergeben, was die Grundidee gewesen ist, welche die Dichter bei ihrem Schaffen geleitet hat, so dass einerseits die Gestalt des Kindes im Verhältnis zum Manne ästhetisch herausgebildet werden konnte, andererseits aus der Jugendgeschichte die ästhetische Technik der Dichter mit Bezug auf die sie leitenden Ideen beleuchtet wurde. Aber wie schon in der Einleitung bemerkt, lässt sich diese Studie nicht bei allen Romanen machen. Mit Ausnahme Wolfdietrichs und des allerdings eigentlich nur als Nebenfigur auftretenden Rennewart, der jedoch hier wegen seiner Verwandtschaft mit Parzival betrachtet zu werden verdient, sind die übrigen Helden abgeschwächte, verblasste Figuren, denen man anmerkt, dass sie durch keines Meisters Hand gegangen sind.

Rennewart. Schon Lachmann [1]) vermutete in Wolframs Willehalm eine veränderte Darstellung der französischen Sage, was sich in Saltzmanns [2]) Untersuchung Wolframs und seiner Quelle [3]) bestätigt hat. Saltzmann zeigt, dass in der französischen Chanson der Schwerpunkt des Interesses in jenem sittlichen Konflikt liegt, dem gemäss Christentum und Heidentum als gutes und böses Prinzip einander gegenüber stehen, während bei Wolfram dieser religiöse Gegensatz von Anfang an aufgehoben ist, der Kampf seine sittliche Berechtigung verloren hat, sich dafür um irdische Interessen dreht, ja ein Rachezug für die Entführung Gyburgs wird (a. a. O. 4, vgl. 21 f.). Saltzmann meint nun, durch diese Verschiebung habe auch Rennewart seine Berechtigung verloren, denn er sei nicht mehr Träger einer Idee, der Repräsentant des bekehrten Heidentums (a. a. O. 15); Wolfram habe seine Bedeutung nicht erfasst und er sei daher eine ganz überflüssige Person, die durch nichts die liebevolle Bevorzugung verdiene, die ihr Wolfram

---

[1]) Wolfram von Eschenbach, Vorrede XL.
[2]) Saltzmann, Wolframs von Eschenbach Willehalm und seine französische Quelle, Programm des Realprogymnasiums zu Pillau 1883, Nr. 25.
[3]) Wolframs Quelle ist nach San Marte die Chanson d'Aleschans. Siehe Saltzmann, a. a. O. 3.

zu teil werden lässt (a. a. O. 23). Mir scheint, dass, wer Wolfram zu würdigen versteht, über seinen Rennewart nicht in solcher Weise aburteilen wird. Dieser ist allerdings nicht mehr der rohe sich zum Christentum durchringende Heide und gehört auch nicht notwendig zur Handlung, aber Wolfram hat ihn zum Träger einer neuen Idee gemacht; er will in ihm wieder dasselbe schöne Motiv durchführen wie im Parzival: sein Rennewart ringt sich vom russigen Küchenjungen zum Sieger über die heidnischen Heere empor, wie Parzival vom Narren zum Gralkönig, und der Dichter vergleicht die beiden selbst mit den Worten:

> jeht Rennewart al balde
> als guoter schoene, als guoter kraft,
> und der tumpheit geselleschaft. 271, 22 ff.

Wie in Parzival erkennt Wolfram auch in Rennewart den edlen Keim, er kann in ihm nicht bloss einen rohen Heiden erblicken; denn Rennewart ist der Sprössling eines mächtigen Königsgeschlechtes und Bruder seiner gefeierten Heldin Gyburg; er will an ihm wie an Parzival nachweisen, dass edle Art durch keine Widerwärtigkeiten des Geschickes Schaden leiden kann, und vergleicht seinen Helden mit dem Golde, das, in den Pfuhl geworfen, doch nicht rostet, oder mit dem in den schwarzen Russ geworfenen Granat, der seine prächtige Farbe nicht verliert (188, 18 ff.). Zwar kann bei Rennewart von einer tiefen psychologischen Entwicklung nicht die Rede sein; eine solche könnte nicht verfolgt werden, weil das Gedicht Fragment geblieben ist[1]), war aber wohl auch kaum beabsichtigt, da Rennewart doch nur eine episodische Figur, nicht der Mittelpunkt des Gedichtes ist. Der Dichter erzählt seine Kindheitsgeschichte nur nebenbei und führt ihn erst als Jüngling ein; bloss der Umstand, dass er noch ohne Bart ist (191, 30), berechtigt uns, ihn noch unter die Kinderfiguren einzureihen. Der

---

[1]) In der Chanson heiratet Rainouart bekanntlich die Königstochter Aelis nach seinem errungenen Siege, seiner Taufe und seinem Ritterschlage und zieht sich nach ihrem Tode ins Kloster zurück. Siehe Aliscans, ed. Guessard, Paris 1870, 7810 ff. Diesen Verlauf nimmt Rennewarts Geschichte auch in der Fortsetzung des Willehalm von Ulrich von Türheim. Siehe Kohl, Zu dem Willehalm des Ulrich von Türheim, Z. f. d. Ph. XIII, 129 ff. Vgl. ferner Das Buch vom Heiligen Wilhelm in Deutsche Volksbücher, ed. Bachmann und Singer, Bibl. d. litt. Ver. CLXXXV, 115 ff.

Sohn des mächtigen Sarazenenfürsten Terramer, wird Rennewart als kleines Kind von Kaufleuten geraubt und an den kerlingischen Hof gebracht, dort mit der Königstochter erzogen, dann aber in die Küche gebannt, weil er sich weigert, die Taufe zu empfangen (191. 282, 30 ff.). Erst in dieser Periode seiner Erniedrigung tritt er auf und verschwindet wieder als Sieger über das heidnische Heer, ebenso plötzlich, wie er erschienen ist. Schon die Schicksale seiner Jugend setzen voraus, dass wir es nicht mit einem naiven Dümmling von Parzivals Schlag zu tun haben. Rennewart ist auch nicht getrost in seinem russigen Küchengewande wie Parzival in seinen Narrenkleidern. Er schämt sich seiner Erniedrigung und klagt seinem Gönner Willehalm, dass seine Schmach ihn der Liebe einer werten *amîen* unwürdig mache (193, 23 ff.). Diese Bemerkung, sowie die in dem zweiten Kapitel zu besprechende Liebesepisode mit der Königstochter Alyze, deuten auf einen des Minnedienstes kundigen Jüngling, der von dem tölpelhaften Liebhaber in Jeschutens Zelt sehr absticht. Aber trotz dieser dem höfischen Wesen sich annähernden Züge ist und bleibt Rennewart ein Naturmensch, dessen Wesen und Erscheinung oft ans Ungeheuerliche grenzt. An Gyburgs Hof erschrecken alle ob seinem wilden Blick (270, 6 ff.); seine Augen sind gross, lauter und hell wie die eines Drachen (270, 25 ff.)[1]), und ungepflegt wallt sein langes Haar um den Kopf, wie Willehalms Worte anzudeuten scheinen (199, 2 ff.). Enorm ist seine Grösse, so dass er, obwohl am Boden sitzend, Gyburgs Haupt weit überragt (274, 15 ff.); dazu kommt die Stärke von sechs Mann: er trägt so viel Wasser, wie sämtliche Köche brauchen, und die Last für drei Maultiere hält er in den Händen wie ein Kissen (188, 4 ff.). Dem entsprechend ist auch seine Ausrüstung zum Krieg. Er will nichts von Rüstung wissen (195, 27 ff.), und das Schwert, das ihm Gyburg reicht, dünkt ihn zu gering (295, 13 ff.). Seine Waffe ist eine ungeheure Stange, die sechs Männern eine schwere Last ist (196, 20 ff.), und die Willehalm selbst vom Boden nur bis zum Knie aufheben kann (311, 24 ff.). Mit dieser spielt er, als sei es eine biegsame Gerte (202, 6 f., 230, 12); wie das kleine Schaftstück, das einem in der Hand bleibt, wenn einem die Lanze zer-

---

[1]) Über das Drachenauge Alexanders s. o. S. 10.

splittert ist, so leicht hält er sie in der Hand (269, 23) und folgt dem Heere zu Fuss in die Schlacht (196, 17). So lieb ist ihm diese Waffe, dass er sie des Nachts als Kissen benutzt, wenn er nach alter Gewohnheit auf der Küchenbank sein Nachtlager aufschlägt (282, 16 f.). Dennoch vergisst er sie dreimal in seiner Zerstreutheit und Kampfesaufregung (201, 6 f., 314, 25 ff., 317, 21 ff.). Diese stürmische Unbesonnenheit ist für Rennewart so charakteristisch wie sein ungeschlachtes Äussere. Er hat nicht Zeit, zu denken, zu überlegen, weil ihn bald seine Tatkraft, bald seine lebhaften Gefühle zum Handeln zwingen und anspornen. So stürzt der junge Heide, der sich als Kind hartnäckig geweigert hatte, die Taufe zu empfangen, mit den Christen in den Krieg gegen sein eigenes Volk, weil er sich in kindischem Groll über sein Missgeschick eingeredet hat, sein Vater und seine Brüder hätten untreu an ihm gehandelt, indem sie ihm nicht zu Hilfe kamen, und zu diesem nicht stichhaltigen Argumente (285) tritt dann noch die Kampfesbegeisterung, die Alyzens Kuss ihm eingeflösst hat (271, 3. 285, 16). Obgleich sanft und gutmütig, wenn er nicht gereizt wird (190, 25 ff.), und namentlich dem milden Einfluss Gyburgs zugänglich (289, 27 ff.), ist er in der Rache an seinen Feinden fast schrecklich, so humoristisch sie Wolfram auch darzustellen weiss.

sin manheit hete grôzen zorn
ze geselln für hôhen muot erkorn. 317, 19 f.

Dieser Zorn macht sich oft in gewaltigen Ausbrüchen Luft. Den einen der Knappen, die ihn beim Wassertragen necken, schleudert er an eine Säule, so dass er zerspringt, als sei er morsch gewesen (190, 11 ff.). Ein anderes Mal, als ein mutwilliger Knappe mit seiner angelehnten Stange spielt, bis sie niederfällt, schwingt er dieselbe in seinem Zorn dermassen gegen eine Säule des Palastes, dass die Funken sprühen, während der erschrockene Knappe seine Sicherheit in schleuniger Flucht sucht (276, 27 ff.). Der Koch, der ihm seine Stange versteckt, muss seine Neckerei mit dem Tode büssen (201, 29 ff.), und ein anderer, der Rennewart die Barthaare versengt, wird von ihm wie ein Schaf gepackt, gebunden und unter einen Kessel zum braten gesteckt (286, 10 ff.). Diese Kraft und Rauflust kommt Rennewart im Schlachtgewühl zu gute. Die feigen Truppen weiss er mit seiner Stange zum

Gehorsam zu zwingen (327, 27 ff.); wütend schreit er unter die
Menge, die ihn mit schmählichen Versprechungen locken will:

> mag ich niht anders kiesen
> an iu decheine manheit?   327, 10 f.

und so verschafft seine Stärke und Tapferkeit dem jungen Helden einen glänzenden Sieg. Eine gewisse Ähnlichkeit mit Parzival, die ja durch des Dichters eigene Worte schon ihre Rechtfertigung findet, ist in Rennewart unverkennbar. Aber er ist ein sehr vergröberter Parzival, der mit dem Thetleif der nordischen Sage oder mit jenem Jean de l'Ours der Contes de Lorraine mehr Ähnlichkeit hat als mit dem tief und fein angelegten Sohn Herzeloydens. Bei Rennewart lag Wolfram offenbar hauptsächlich daran, einen frischen, lebensvollen Kraftmenschen darzustellen, der sein Gedicht beleben und ihm heitere Züge verleihen sollte, und er konnte dies um so besser, als Rennewart nur eine episodische Figur war. Deshalb lässt er auch seiner grotesken Phantasie und seinem unerschöpflichen Humor [1]) hier freien Spielraum und scheut nicht jene ungeheuerlichen Schilderungen der Riesengrösse und Stärke seines Helden. Im Gegenteil arbeitet er alle diese Züge besonders fein heraus, während er die in der Sage ebenfalls vorhandenen Berichte über Parzivals ungewöhnliche Stärke (Parz. 120, 7 ff.) nur einmal erwähnt, sonst aber ganz in den Hintergrund treten lässt.

Wigalois. Dem Tristan nähert sich Wigalois[2]) insofern, als er ein höfisches Kind ist[3]). Seine Jugendgeschichte ist kurz zusammengefasst und entbehrt jeglicher individueller Züge, die für seine spätere Geschichte von Wichtigkeit wären. Seine Erziehung entspricht den Anforderungen höfischer Kreise; interessant ist nur, dass seine Mutter dabei eine grössere Rolle spielt, als gewöhnlich der Fall ist. Sie lässt ihr Kind nicht aus den Augen und behält es bis zum dreizehnten Jahre unter ihrer Leitung, während der

---

[1]) Vgl. Kant, Scherz und Humor in W's. v. E. Dichtungen, Altenburg 1878, S. 20 ff.

[2]) Wigalois, ed. Benecke, Berlin 1819.

[3]) Die Untersuchung Sarans (Über Wirnt von Gravenberg und den Wigalois, P. B. B. XXI, 253 ff.) hat ergeben, dass Wirnt den französischen Roman vom „Biaus Desconeu" nicht gekannt hat. Saran nimmt an, sein Werk gehe auf einen verlorenen französischen Artusroman des zwölften Jahrhunderts zurück, a. a. O. 412.

Knabe in der Regel schon im siebenten Jahre der mütterlichen Pflege entzogen wurde (1220 ff.). An Tristan speziell erinnert die Tugendhaftigkeit und Liebenswürdigkeit des Wigalois, die ihn überall beliebt macht (1241 ff.); aber sein späteres Leben hat nichts mehr mit Tristan gemein; denn dem ernst gesinnten Wirnt scheint Wolframs Ideal der *staete* vorgeschwebt zu haben: er lässt seinen Helden die Probe am Wunderstein bestehen (1491 ff.) und verherrlicht später seine *staete* in dem Verhältnis zu Larie, seiner Geliebten (9049 ff.). In die Kindheitsgeschichte sind verschiedene häufig wiederkehrende Sagenzüge verflochten. An die Berichte von Alexanders Wunderkraft erinnert die Behauptung, dass Wigalois in einem Jahre mehr als ein anderes Kind in zweien zunahm (1226 f.). Der Knabe verlangt, in die Welt hinaus zu ziehen, um seinen Vater zu suchen; denn es betrübt ihn, dass er ihn im Leben noch nie gesehen hat (1283 ff.), und an Artus' Hof verkehren Vater und Sohn, ohne einander zu kennen (1594 ff.)[1]), Züge, die an die Geschichte Dietleibs lebhaft erinnern. Zu diesem Wunsche, den Vater zu suchen, tritt noch der bei jedem jugendlichen Helden begegnende Tatendrang, den Wigalois[2]) in den an die Mutter gerichteten Worten kundgibt:

> *Was sol mir min starcher lip,*
> *Und sol ich mich nu als ein wip*
> *Verligen in disem lande hie?* 1299 ff.

Lanzelet und Wigamur. Eine Mittelstellung zwischen Tristan und Parzival nehmen Lanzelet[3]) und Wigamur[4]) ein. Ihre Kindheitsgeschichte gehört in die Märchenwelt, indem beide, von Meerweibern geraubt, ihre ersten Jahre auf dem Meeresgrunde zubringen. Insofern sie eine höfische Erziehung geniessen, erinnern sie an Tristan; da sie aber ohne alle Kenntnis der Welt aufge-

---

[1]) Saran zeigt, dass dieses „sich nicht wiedererkennen" widerspruchsvoll ist, a. a. O. 325.

[2]) Wie bei Wigalois erinnert auch bei Wilhelm von Orlens vieles in der Jugendgeschichte an Tristan; siehe Zeidler, Die Quellen von Rudolfs von Ems Wilhelm von Orlens, Berlin 1894, 311 ff. Auch Erec geniesst eine höfische Erziehung, was aus den Versen 9280 ff. in Hartmanns Gedicht hervorgeht.

[3]) Lanzelet, ed. Hahn, Frankfurt a. M. 1845.

[4]) Wigamur, ed. v. d. Hagen und Büsching, Deutsche Gedichte des Mittelalters, Berlin 1808, Band I.

wachsen sind, treten sie dennoch als Dümmlinge ihre Fahrt auf Abenteuer an, um sich später, gleich Parzival, als tüchtige Ritter zu bewähren. Das Dümmlingsmotiv ist den Dichtern offenbar die Hauptsache an der Jugendgeschichte ihrer Helden gewesen, und doch ist diese Dümmlings-Episode sowohl bei Ulrich von Zazikhoven als im Wigamur sehr verflacht, denn Lanzelet hat gewisse Züge nur in äusserlicher Nachahmung des Parzival [1]), und der unbekannte Dichter des Wigamur hat, wie Sarrazin [2]) zeigt, fast alle charakteristischen Züge seines Helden entweder aus dem Lanzelet oder dem Parzival geschöpft, wie denn auch die märchenhafte Kindheitsgeschichte sich direkt an den Lanzelet anschliesst.

Der als kleines Kind von einer Meerfrau geraubte Lanzelet [3]) (180 ff.) wächst unter den Meerweibern auf, die ihm eine höfische Erziehung angedeihen lassen (241 ff.); früh zeigt sich seine adelige Abstammung in seinem Verhalten den Frauen gegenüber (260 f.). Wie Tristan lernt er allerhand Saitenspiel und Gesang (262 ff.) und wird von Meerwundern im Fechten, Ringen, Jagen und Bogenschiessen unterrichtet (275 ff.), so dass zu seiner ritterlichen Ausbildung nichts mehr fehlt als die Reit- und Ritterkunst selbst (296 ff.), die er, wie er dem Johfrit eingesteht, nicht lernen konnte in einem Lande, wo nur Frauen waren (539). Mit fünfzehn Jahren (301) hält es ihn nicht länger bei den Meerfrauen, und er begehrt von der, die ihn geraubt hat, zu wissen, wer seine Verwandten sind; denn noch weiss er nicht, wer er ist (302 ff.). Sie rüstet ihn aus, aber ähnlich wie Parzival und andere Dümmlinge muss er ausziehen, ohne seinen Namen zu erfahren. Noch versteht der Jüngling nicht den Zaum zu halten, sondern hält sich am Sattelbogen und rührt sein Pferd mit den Sporen, bis es sich aufbäumt (404 ff.). Mit Schild und Speer weiss er nicht umzugehen, und in dieser kläglichen Situation findet ihn der Knappe Johfrit von Liez (466 ff.), dessen erste Frage ist, ob sich Lanzelet habe eine Busse

---

[1]) Singer, Bemerkungen zu Wolframs Parzival, Abhandlungen zur german. Philologie, Festschrift für R. Heinzel, Halle 1898, S. 80 ff.

[2]) Sarrazin, Wigamur, Q. F. XXXV.

[3]) Mit diesen Berichten über Lanzelets Jugendgeschichte stimmen diejenigen Ulrich Füeterers überein, nur dass bei ihm das Kind kein Dümmling gewesen zu sein scheint; siehe Hofstäter, Altdeutsche Gedichte aus den Zeiten der Tafelrunde, Wien 1811, I, 238 ff.

auferlegen lassen (489); denn er kann sich das schöne Pferd und die prächtige Ausstattung mit dem ungelenken Jüngling nicht reimen (486 ff.). Aber schon in Lanzelets Rede an Johfrit blickt das höfische Wesen durch die Gestalt des Dümmlings hindurch (564 ff.), und seine gute Erziehung legt er bei den Frauen auf Johfrits Burg an den Tag (623). Es fehlt nicht viel, dass aus dem Dümmling ein gewandter Ritter werde; wie Iwanet und Gurnemanz dem Parzival, erteilt der getreue Johfrit dem Lanzelet die nötige Unterweisung im Ritter- und Waffenhandwerk (570 ff.), worauf sich dieser auf die Fahrt begiebt, um unter den Rittern zu glänzen; denn schon seinen Eltern ist prophezeit worden, dass ihr Sohn ein *wigant* werden soll (94 ff.).

Auch Wigamur ist ein Königssohn, den ein Meerweib raubt und auf dem Meeresgrunde geborgen hält, bis ein Meerwunder ihn aus der Höhle der Alten rettet und ihm eine ähnliche Erziehung zu teil werden lässt, wie Lanzelet sie bei den Meerfrauen genossen hat. Endlich kehrt er, gleich jenem, unerfahren und unbehilflich in die Welt zurück, die er als kleines Kind verlassen hat (111 ff.). Schön gewachsen, aber ungelenk an Gebärden, begiebt sich der Dümmling in die Welt hinaus, nachdem er von dem Meerwunder erfahren hat, dass er nicht von dem Meerweibe abstamme (423 ff.). Der Ritter Glakothelesfloyr, der von Wigamur besiegt wird, merkt, dass er nicht aufgewachsen ist, wo Menschen wohnen; denn obwohl reich an Kräften, ist er an Verstand ein Kind (689 ff.). Wigamur hat mehr vom Dümmling an sich als der immerhin schon etwas gewandte Lanzelet. Der mit Pfeil und Bogen ausgerüstete Jüngling sieht den Belagerern einer Burg zu und meint, wenn das Leute seien, so verstünden sie ein schönes Spiel, aber eines, das weh tue, und in seiner *tumpheit* glaubt er, dass die Menschen täglich solcher Sitten pflegen (502 ff.). Den besiegten Ritter, der um sein Leben fleht und sein Mann sein will, fragt er, was er darunter verstehe, da er selbst doch kein Weib sei (673 ff.). Aus dem verbrannten Schloss verschafft er sich ein Pferd und die Rüstung eines Gefallenen; aber er nimmt sich sehr ungeschickt aus (532 ff.), und schliesslich muss ihm die Jungfrau Pioles, die er in dem verwüsteten Schlosse findet, Knappendienste tun und ihm helfen, sich der Rüstung zu entledigen (970 ff.). Eine Art Gegenstück zu dem Abenteuer Parzivals mit Jeschute bildet die kleine Idylle, die sich auf der zerstörten Burg abspielt, wo Wigamur mit der verlassenen Pioles zusammentrifft. Ihr Wehklagen rührt den gutmütigen Burschen zu Tränen (933); er nimmt sich ihrer an und erlegt im Wald einen Fasan, den sie miteinander verzehren (1048 ff.), und als er seine Abenteuerfahrt fortsetzt, ist aus dem Mitleid die Liebe entsprungen; denn er denkt, wie er der Jungfrau Freund werden könnte (1019 ff.). Auch die Dümmlingsperiode des Wigamur nimmt ein rasches Ende. Obwohl der Wirt des Wunderbades, dem Wigamur seine Geschichte erzählt, über den jungen Abenteurer lacht, der ihm gestanden hat, er suche einen Mann, der ihn zum Ritter mache (1305 ff.: ein Zug, der an Parzival erinnert, Parz. 147, 22), bewährt sich Wigamur aufs trefflichste in ritterlichem Spiel und höfischer Sitte, so dass er rasch zur Ritterwürde gelangt. Der angeborene Rittersinn kommt auch bei ihm zur Geltung, und er hat nicht einmal eines Lehrmeisters bedurft; denn gleich dem ersten Ritter, den er von ferne erblickt, sieht er die Kunst schon ein wenig ab (558 ff.), und ein Ast, an dem sein Zügel hängen bleibt, als er über einen Burggraben setzt, lehrt ihn, sich der Zügel zu bedienen, anstatt sich, wie früher, an dem Sattelbogen festzuhalten und dem Pferde freien Lauf zu lassen (818 ff.).

Dietleib. Dietleib [1]) gehört zu jenen Helden der germanischen Sage, die ihren ursprünglichen Charakter eingebüsst haben und höfisch geworden sind. Diese Wandlung wird am besten klar, wenn man den Thetleif [2]) der Thidrekssage zum Vergleich mit dem Helden des mittelhochdeutschen Gedichtes heranzieht und mit Schönbach [3]) annimmt, dass der mittelhochdeutsche Dichter mit dem nordischen eine gemeinsame Überlieferung besass, von dem Ursprünglichen aber mehr abwich als der nordische, weil er unter dem Einfluss der Artussagen stand (a. a. O. 38).

Der Thetleif der Thidrekssaga ist ein Dümmling und Bärenhäuter, der seine Jugend in der Küche und unter den Knechten zubringt, sich durch Faulheit und rohe Sitten auszeichnet und deshalb von Eltern und Verwandten verstossen wird, dann aber plötz-

---

[1]) Deutsches Heldenbuch I, ed. Jänicke.
[2]) Saga Didriks Konungs af Bern, ed. Unger, Kap. 111 ff.
[3]) Schönbach, Über die Sage von Biterolf und Dietleip, Wiener Sitzungsberichte 1897.

lich sein altes Wesen ablegt und an Tüchtigkeit alle andern Recken übertrifft.

Dietleib dagegen erhält eine höfische Erziehung (2021 ff.), was namentlich aus seinem Benehmen den Rittern von Metz (2654 ff.), Hagen (2790), Gernot (2916 ff.) gegenüber und seinem Verhalten an Etzels Hof hervorgeht (3349 ff. vgl. 4445 ff.). Nur im Waffenhandwerk soll er nicht unterrichtet werden, weil ihn die Mutter zu jung dafür findet (2125 ff.). Er übt sich aber im Verborgenen, zieht die Rüstung des Vaters an und macht sich heimlich davon, um diesen zu suchen (2144 ff.).

Obwohl Schönbach (a. a. O. 29 ff.) die Verwandtschaft zwischen Thetleif und Dietleib nachweist, ist es doch klar, dass der mittelhochdeutsche Dichter das Dümmlingsmotiv, so wie es in der nordischen Fassung der Sage in drastischen Farben durchgeführt ist, nicht auszuführen beabsichtigte. Er ersetzt es durch ein ähnliches, das er jedenfalls der Artussage entnommen hat und das sich auch in den Gedichten von Parzival und Wigalois findet[1]: an Herzeloyde und Larie (die Mutter des Wigalois) erinnert die ängstliche Mutter Dietleibs; auch ihr hat das unruhige Ritterleben vor Jahren den Gatten entrissen, und nun will sie ihren Sohn nicht auf dieselbe Weise verlieren. Wie Herzeloyde hält sie ihn deshalb vom Waffenhandwerk zurück, unter dem Vorwand, dass er noch zu jung dafür sei. Nun kehrt aber bei Dietleib dasselbe Motiv wie bei Parzival und Wigalois wieder. Gleich Parzival drängt es ihn hinaus in die weite Welt: er sucht Abenteuer und will Ruhm gewinnen, und dazu gesellt sich, wie bei Wigalois, das Verlangen, den nie gekannten Vater aufzufinden, ein Motiv, das jedoch, anstatt konsequent durchgeführt zu werden, im Sande verläuft, da sich das Hauptinteresse gänzlich auf Dietleibs Heldentaten konzentriert und Vater und Sohn lange Zeit zusammen an Etzels Hof weilen und sogar zusammen kämpfen[2], ehe die steife und wenig empfundene Erkennungsszene erfolgt, eine Episode, die wiederum sehr lebhaft an die entsprechende im Wigalois erinnert.

Eine andere Spur des Dümmlings glaubt Schönbach (a. a. O. 34) darin zu erblicken, dass Dietleib noch nichts von Minne versteht.

---

[1] Siehe Golther, Geschichte der d. Litt. I, 321.

[2] Im Hildebrandslied, wo das weit verbreitete Motiv vom Kampfe des Vaters und Sohnes wiederkehrt, ist Hadubrand kein Kind mehr.

Er entrinnt aus einem Gemache, wo er unter Frauen und Jungfrauen zu schlafen gewohnt war. Hätte er Minne pflegen können, meint der Dichter, so wäre er dort sanft gelegen, doch die Minne war ihm noch unbekannt; so aber war ihm das Weilen bei ihnen langweilig und sie hatten von ihm keinen Dank für alles, was sie ihm zu liebe taten (2250 ff.).

Auch hier glaube ich nicht, dass der Dichter das Dümmlingsmotiv festhalten wollte und an eine ähnlich naive Episode wie Parzivals Abenteuer mit Jeschute zu denken wäre; denn Dietleib ist noch ganz Kind, und da hat seine Unwissenheit in Liebesdingen gar nichts Auffälliges. Allerdings hat Schönbach die Frage nach Dietleibs Alter aufgeworfen, weil scheinbare Widersprüche in dem Gedichte vorkämen, die es schwer machten, zu entscheiden, ob Dietleib bei seiner Ausfahrt zwölf oder sechszehn Jahre alt sei. Der Dichter erzählt (203 ff.) und lässt Biterolf auch dem Rüdiger erzählen (4205 ff.), Dietleib sei zwei Jahre alt gewesen, als er von Hause fortgezogen sei; da nun die Mutter ihrem Sohne, der den Vater zu suchen ausziehen will, sagt, sie habe seit zehn Jahren nichts von Biterolf erfahren (2058 ff.), kann man annehmen, Dietleib sei zur Zeit seiner Ausfahrt zwölf Jahre alt gewesen. Schönbach (a. a. O. 5 ff.) macht nun auf die Tatsache aufmerksam, dass der von Hause aufbrechende Vater durch Kriegswirren sieben Jahre lang an der Ausführung seiner Reise gehindert wird, und glaubt, dass diese Angabe mit den frühern Angaben über des Kindes Alter in klarem Widerspruch stehe, und dass, nach dieser Bemerkung zu schliessen, der Knabe bei seines Vaters Abschied neun Jahre alt, bei seiner eigenen Ausfahrt wenigstens sechszehn gewesen sei. Er denkt zwar, dass diese letztere Angabe interpoliert sein könne, aber mir scheint es nicht notwendig, das vorauszusetzen; denn da bei den Anordnungen, die Biterolf vor seiner geplanten Reise trifft, sein Sohn nirgends erwähnt wird, kann man annehmen, er sei erst später geboren worden, während jener Zeit, da der Krieg von sieben Jahren den Biterolf am Fortziehen hinderte. Darum scheinen mir alle Gründe dafür zu sprechen, dass Dietleib bei seiner Ausfahrt in die Welt noch in zarterm Alter gestanden habe als im Jünglingsalter. Obgleich die häufigen Bezeichnungen Dietleibs als *kint* oder sogar *kindelin* allein nichts beweisen können, da das Wort *kint*, wie schon erwähnt, im Mittelhochdeutschen einen viel weitern Begriff als heute bezeichnet, so weist doch wiederholt der Eindruck, den Dietleib auf die Leute macht, darauf hin, dass er sehr jung gewesen sein muss: Hagen fragt ihn, wie einem so jungen der Harnisch gezieme (2819 ff.), und Etzel weigert sich, ihn mit in die Polenschlacht ziehen zu lassen, da er genug Ritterschaft habe und der Kinder entbehren könne (3470 f.).

Der Mangel an Kenntnis in Liebesdingen scheint also nichts für den Dümmling zu beweisen. Dagegen macht Schönbach (a. a. O. 34) mit Recht geltend, das Gedicht verrate seine Abstammung aus der deutschen Heldensage dadurch, dass es ein Männerroman sei, in dem die Frauenliebe keinen Platz finde. Auf den Kampf, und zwar den Kampf zwischen Held und Held, konzentriert sich ausschliesslich alles Interesse. Darüber wird das eigentliche Motiv zur Ausfahrt Dietleibs, das Aufsuchen des Vaters, in den Hintergrund gedrängt und schliesslich auch der Ritterschlag vergessen (4506 ff.), indem Dietleib mit Biterolf auf einen Rachezug gegen die Burgunder sich begiebt, um dort seine Sporen im Zweikampf mit den bewährtesten Helden zu verdienen. Die Figur des Dietleib muss als Resultat eines misslungenen Versuches gelten, den altgermanischen und den keltisch-höfischen Heldentypus in einer Gestalt zu vereinigen. Sie ist nicht einheitlich und macht trotz aller Heldentaten einen wenig lebendigen Eindruck.

Hagen und Siegfried. Unter höfischem Einflusse steht auch die Figur des Hagen, des Grossvaters der Gudrun, dessen Jugendgeschichte sich auf der märchenhaften Greifeninsel abspielt, wohin ein Greif den siebenjährigen Knaben entführt (52 ff.). Hier erlegt er ein *gabilûn* und trinkt dessen Blut, wodurch er grosse Kraft erlangt (101). Dieser Zug, sowie die vielen Kämpfe mit Ungeheuern erinnern an die Jugendgeschichte Siegfrieds, die aber nur in einem spät mittelhochdeutschen Gedichte[1]) des fünfzehnten Jahrhunderts erhalten ist.

Hagen und Siegfried wohnt Beiden ein märchenhaftes Element inne. Der Eine wird durch Drachenblut stark, der Andere im Drachenblut unverwundbar gemacht, und Beide haben hauptsächlich Kämpfe gegen Ungeheuer zu bestehen. Die verwandten Figuren haben sich jedoch sehr verschieden entwickelt, indem Hagen dem

---

[1]) Das Lied vom Hürnen Seyfrid, ed. Golther, Halle 1889.

höfischen Einflusse unterliegt, Siegfried dagegen (abgesehen von dem Nibelungenliede, wo er ganz höfisch erzogen wird, 20 ff.), teilweise die Züge altgermanischer Wildheit, zum grossen Teil die grotesker Verrohung an sich trägt.

Während in der nordischen, auf niederdeutsche Quellen zurückgehenden Sage [1]) Siegfried wie Paris oder Romulus [2]) von einer Hindin genährt wird, da seine Mutter im Walde gestorben ist, nachdem sie ihn dort geboren hat, führt das Seyfried-Lied ihn am Hofe König Sigmunds, seines Vaters, auf, wo er heranwächst, bis er so unbändig wird, dass niemand mehr Gewalt über ihn hat und man ihn gerne ziehen lässt. Wie in der nordischen Saga kommt er zu einem Schmiede, der ihn fürchtet und auf seinen Tod sinnt; denn Siegfried zerschlägt das Eisen und hämmert den Ambos in die Erde. Weniger motiviert als in der nordischen Saga ist der Übergang zur Lindwurmepisode. Siegfried tötet das Ungeheuer und besteht darauf noch ein ganzes Heer von Lindwürmern, die sich zwischen Berg und Tal gelagert haben, indem er, gleich einem Herkules, mit Baumstämmen zu Werke geht, die er auf die Tiere wirft und dann samt ihnen verbrennt, worauf er sich in dem Drachenblute badet und unverwundbar wird.

Bei Hagen wird das märchenhaft-schauerliche Element durch christlich-höfische Anschauungen ganz in den Hintergrund gedrängt. Der Dichter hat vielleicht die *gabilûn*-Episode (101, vgl. 106) nur aus Gewissenhaftigkeit seiner Überlieferung gegenüber aufgenommen und erwähnt sie erst spät; denn zuerst betont er, dass Hagen nur durch Gottes Hilfe dem schrecklichen Greifengeschlecht obsiegen konnte (94); auch lässt er seinen Helden sich zum Kampfe der Rüstung und Waffen eines Toten bedienen, den er auf einem gescheiterten Schiffe findet (89 ff.), was mir ein gesuchtes und wenig geschicktes Motiv scheint. Das Märchenhafte ist überhaupt in Hagens Jugendgeschichte nur episodisch, und wie hier schon die alten Märchenzüge in den Hintergrund treten und höfischen Zügen Platz machen, so wird diese ganze Märchen-Episode auf der Greifeninsel durch das, was vorangeht und folgt, in den Hinter-

---

[1]) Saga Didriks Konungs af Bern, ed. Unger, Kap. 159 ff.
[2]) Über Romulus berichtet Jansen Enikel in seiner Weltchronik, ed. Strauch, 20021 ff.

grund gedrängt. Hagen ist und bleibt höfisch, trotz der auf der Greifeninsel verlebten Jahre: er wird bis zum siebenten Jahre von Frauen und schönen Jungfrauen gepflegt, alsdann den Recken zur Erziehung übergeben, und findet sich nach der in der Wildnis verbrachten Zeit wieder in seine höfische Rolle; zum Ritter geschlagen (171) und in höfischem Kreise sich bewegend, erinnert er nur noch durch seine Wildheit, die ihm den Namen *vâlant aller künige* (196) erwirbt, an das Märchenhafte in seiner Jugendgeschichte.

Wolfdietrich. Im Gegensatz zu Dietleib und Hagen hat Wolfdietrich den germanischen Heldentypus ziemlich treu bewahrt[1]). Die weitläufigste und interessanteste Jugendgeschichte enthält die Fassung A[2]), aber auch hier kann man von einer Jugendgeschichte im bisherigen Sinne nicht reden; denn dem Dichter liegt nicht daran, eine fortschreitende Entwicklung seines Helden von der Wiege bis zum Ritterschlage zu geben, sondern er bringt in knapper, oft dialogisierter Form einzelne drastische Szenen aus seinem Leben, ein Umstand, der in der Eigenart dieser, der Spielmannspoesie entsprungenen Gattung liegt, welche lange Schilderungen meidet und dafür den Dialog bevorzugt[3]).

Wolfdietrich ist ein Wunderkind. Mit drei Jahren wirft er die Hunde an die Wand, die nach dem Brot schnappen, das man ihm in die Händchen gegeben hat[4]) (A 38), und ähnlich verfährt er mit den Wölfen, unter denen er im Walde sitzt (A 104). Seine Grösse nimmt, wie seine Kraft, unnatürlich schnell zu: als Berhtung das Kind wieder an den Hof bringt, nachdem es bei den Köhlersleuten verborgen gewesen ist, die vor seinen Zornesausbrüchen oft in den Wald geflohen waren, erkennt selbst die Mutter es nicht mehr, denn Wolfdietrich ist der längste und grösste unter Berhtungs sechszehn Söhnen, mit denen er rauft, obwohl sie bis zu neun Jahren älter sind als er (A 233 ff.). Als der Vater ihn, den er verstossen hat, auf den Schoss nehmen und liebkosen will,

---

[1]) Freilich ist auch hier französischer Einfluss nicht ganz auszuschliessen, vgl. Heinzel, Üb. d. ostgoth. Heldensage, Sitzungsber. d. k. Ak. in Wien, CXIX, 77 ff.
[2]) Deutsches Heldenbuch III und IV, ed. Amelung und Jänicke.
[3]) Jänicke, a. a. O. III, Einleitung XXXV. LIII.
[4]) Diese Anekdote erinnert an die Episode von Asprian und dem Löwen in König Rother, ed. Bahder, Halle 1884, 1146 ff.

stösst er ihn mit dem Fusse von sich (A 237), und nur Berhtung, sein Erzieher, kann ihn mit knapper Not bändigen: er muss ihn binden lassen, wenn er ihn züchtigen will (A 251 ff.). Die Züge des Kindes, das wegen seiner Rauflust und Stärke allgemein gefürchtet wird[1]), zeigen sich in dem zum Jüngling herangewachsenen Helden wieder. Durch einen Zufall wird er darauf aufmerksam, dass Berhtung und seine Gattin seine Eltern nicht sein können (A 280 ff.); entschlossen, die Wahrheit zu ergründen, wehrt er eines Morgens Berhtung den Austritt aus seinem Gemach. Mit dem blossen Schwert unter dem Arm steht er vor seinem Erzieher und verlangt, seine Geschichte zu wissen, bis dieser ihn an seine Mutter weist, die er in ebenso stürmischer Weise in dem Münster überrascht (A 293 ff.). Als er erfahren hat, wie es um den ungetreuen Saben und seine Brüder steht, die ihn und die Mutter verstossen haben, kann ihn nichts von seinem Vorhaben abhalten, sich zu rächen und sein Erbteil zu erkämpfen (A 309 ff.). Während in der Fassung B Wolfdietrich eine ganz untertänige Stellung einnimmt und Berhtung die Initiative zum Kampfe gegen die Brüder ergreift (268 ff.), ist hier in A das Verhältnis gerade umgekehrt. Der Alte beklagt den Entschluss seines Schützlings und bricht in die Worte aus:

> . . . . „du hâst manheit unde tugent.
> in dinem grôzen lîbe hâst du ze kleine jugent.
> ez schadet dînen saelden in dîner kintheit,
> daz du strebest alze früeje nâch seneder arbeit", A 310.

und in erregtem Wechselgespräch verteidigen der Alte und der Junge ihren verschiedenen Standpunkt, bis Wolfdietrich siegt und gewaffnet in den Kampf zieht. Eine solche Szene kehrt später noch einmal wieder, als der in Berhtungs Burg belagerte Wolfdietrich sich zu entrinnen entschliesst, um fremde Hilfe zu suchen. Hier gebraucht Berhtung, ähnlich wie Aristoteles in den Secreta Secretorum, das Bild vom federlosen Vogel, der zu früh aus dem Neste fliegen will (A 409), worauf Wolfdietrich entgegnet, seine Federn seien lang und also gewachsen, dass sie ihm nicht schwach vorkämen; er sei der stärkste und längste unter ihnen allen (A 410).

---

[1]) vgl. D III 8, 3 f.:
dô sach man slege mezzen . . . .
baz dan ander zwelve tete ez Wolfdietrich.

Das heftige Wechselgespräch zwischen dem Alten und dem Jungen ist ein geschickter Griff des Dichters, den jugendlichen Übermut und die Kampflust Wolfdietrichs recht lebendig hervortreten zu lassen, im Gegensatz zu der weisen Erfahrung und kriegerischen Überlegenheit des alten Berhtung. Solche Situationen müssen in der alten Epik sehr beliebt gewesen sein, denn sie kehren häufig wieder. An Wolfdietrich erinnern Scharpfe und Ort[1]), die unglücklichen Söhne Helchens, die sich von ihrem Erzieher entfernen und in der Rabenschlacht durch Wittiches Hand fallen; ferner Alphart[2]), der Heime und Wittiche zum Opfer fällt, und Patafrid, der junge Neffe Hagens[3]) im Waltharius manu fortis, dem Waltharius den Tod giebt, als er nicht vom Streite lassen will. Diesen deutschen Helden entspricht in der höfischen Epik Vivianz, der junge Streiter von Alischanz[4]). Bei ihnen allen ist der Ausgang des Kampfes, von dem sie sich nicht zurückhalten lassen, ein tragischer, indem die zarte Jugend der Helden ihrer Kampflust zum Opfer fällt; Wolfdietrich dagegen ist nicht zum Tode, sondern zum Siege bestimmt. Nach einer Weissagung, die vor seiner Geburt geschieht, soll er eine Königin und ihr Land gewinnen und, obgleich oft in Nöten, stets siegreich bleiben (A 32). Dieser Gedanke liegt der Fassung A zu Grunde und wird von dem Dichter nie aus den Augen verloren. Wolfdietrich muss in Sorgen wachsen, wie die letzte Strophe des Ortnit andeutet (597), zu dem Wolfdietrich A eine direkte Fortsetzung bildet[5]), und so konzentriert sich denn das Interesse des Dichters darauf, diese Kümmernisse seines Helden auszumalen, aber zugleich auch das Wirken jener höhern Macht, die das Schicksal Wolfdietrichs immer wieder zum Besten lenkt. Wahrhaft künstlerisch zeigt er dies an dem

---

[1]) Deutsches Heldenbuch II, ed. Martin, Rabenschlacht 341 ff. Die Unabhängigkeit dieser Episode von der entsprechenden in Vergils Aeneis sucht Heinzel a. a. O. 64 ff. nachzuweisen. Helchens Söhne werden auch im Biterolf 3332 ff. als Ort und Erpfe mit Dietleib und Nuodung, Gotelindens Kind, erwähnt.

[2]) Deutsches Heldenbuch II, ed. Martin, Alpharts Tod, 88 ff.

[3]) Waltharii Poesis, ed. Althof, Leipzig 1899, 846 ff. Über Beeinflussung dieser Episode durch die entsprechende der Aeneis siehe Strecker, Ekkehard und Vergil, Z. f. d. A. XLII, 348 ff.

[4]) Willehalm 69, 10 ff. Über seine Erziehung berichtet ziemlich farblos Türlins Willehalm, ed. Singer, Bibl. d. mhd. Litt. in Böhmen IV, CCCXVI, 5 ff.

[5]) Jänicke a. a. O. III, Einleitung XXXII f.

unmündigen Kinde, das der feige Vater, aus Furcht vor seiner ihm unheimlichen Stärke, zum Tode bestimmt. Er nimmt es schlafend aus dem Bette und hat schon das Messer bereit, es zu erstechen, wenn es aufwachen und durch sein Weinen die Mutter wecken sollte; aber das *saelige* Kind schläft ruhig weiter und entgeht so zum ersten Mal dem Verderben. In Berhtungs Mantel eingehüllt, der mit ihm dem Walde zujagt, wacht es auf und ruft der Mutter, und als der rauhe Kriegsmann, der sich gegen alles Mitleid verschliessen will, ihm barsch entgegnet, schläft es nochmals ein, um bei seinem Erwachen des Mörders Herz durch ein süsses Lächeln zu erweichen. Die Hand, die schon so viele getötet hat, versagt ihm, und er kann den Todesstreich gegen das liebliche Kind nicht führen. Er setzt es an den Brunnen, damit es ertrinke, wenn es die Händchen nach den auf dem Wasser schwimmenden Rosen ausstreckt; aber Wolfdietrich vermeidet die Rosen, und als er auch unter den wilden Tieren unversehrt bleibt und die ganze Nacht durch unter den gierigen Wölfen sitzt, nach deren glänzenden Augen er furchtlos greift [1]), ist Berhtung überzeugt, dass er kein Teufelskind sein kann. Er verfertigt ein Kreuz, und nachdem das Kind damit gespielt hat und ihm kein Leids dabei geschehen ist, entschliesst sich Berhtung, sein Leben zu verschonen (A 76 ff.).

„*swem got sin leben wil fristen, niht leides dem geschiht*"
A 87, 3.

sagt der Dichter. Er steht unter dem Einfluss christlicher Anschauungen und glaubt seinen Helden unter Gottes besonderm Schutz durch die Taufe, welche das Kind auf merkwürdige Weise empfangen hat, obwohl es von heidnischen Eltern kam (19 ff.). Während das unmündige Kind hier unter Gottes unmittelbarem Schutz gedacht wird, kommt an einer andern Stelle des Dichters Wunderglaube zur Geltung; denn damit er sicher vor Gefahren sei, legt die Mutter, wie der Einsiedler sie einst geheissen hat (28 ff.), dem in den Kampf ausziehenden Wolfdietrich das Taufhemd unter

---

[1]) Man vergleiche mit dieser Episode Kiplings Jungle Book, eine moderne Wolfdietrich-Geschichte, wo ebenfalls das Leben eines Kindes unter den Wölfen erzählt wird.

der Rüstung an, das sich durch ein Wunder dehnt und seinem Körper anpasst ¹) (429 ff.). Neben diesen offenbar sekundären Zügen hat das Gedicht die urwüchsige Kraft der alten Sage beibehalten. An einer schablonenhaften Erziehung liegt dem Dichter nichts, und man erfährt bloss nebenbei, dass Wolfdietrich *geléret* gewesen (A 304). Nur der Macht eines noch Stärkern kann Wolfdietrich weichen, und trotz der Züchtigung, die Berhtung seinem Schützling erteilt, freut sich der gewaltige Kriegsmann der Unbändigkeit Wolfdietrichs und lacht darüber (A 252), wie er einst die Nacht bis an den Tag über des Kindes Spiel mit den Wölfen gelacht hat (A 104). Alles zarte und weichliche Wesen ist dem Gedichte fremd. Berhtung kann dem sich bei dem Abschied von der Mutter zu lange aufhaltenden Wolfdietrich die derben Worte zurufen:

> ....*junchérre, rûmt das loch.*
> *was tuot ir tâlanc drinne? sûgt ir iuwer muoter noch?"*
> A 327, 3 f.

oder zornig dem übermässigen Schmerz des Jünglings Einhalt gebieten, als er über die erschlagenen Kinder seines Erziehers trauert (A 359 ff.). Mächtig wie diese heldenhafte Unterdrückung des Schmerzes wirkt daneben der ebenso kraftvolle Ausbruch wahrer, ungezügelter Gefühle. Hat Berhtung einst das dem Tode geweihte Kind liebend in die Arme geschlossen (A 111 ff.), so erwidert Wolfdietrich seinerseits auch diese Liebe: als er seine Geschichte erfahren und vernommen hat, was Berhtung für ihn getan habe, überwältigen ihn seine Gefühle; Tränen stürzen ihm aus den Augen, und die Hände des Meisters küssend, fällt er ihm zu Füssen (A 306 ff.).

Der Treue, die in dem Verhältnis Wolfdietrichs und Berhtungs zu einander ihre Verherrlichung findet, opfert der deutsche Held alles, selbst die Liebe, wo es nötig ist. Dies tritt trotz des französischen Einflusses im Wolfdietrich noch deutlich hervor: charakteristisch für das altnationale Epos gegenüber dem höfischen ist,

---

¹) Dieses Wunder erinnert an die Geschichte von Jesu Rock, der mit dem Kinde wächst. Siehe Vita beate Virginis Marie et Salvatoris rhythmica, ed. Vögtlin, Bibl. d. litt. Ver. CLXXX, 3046 ff. Philipps Marienleben, ed. Rückert, Bibl. d. d. Nat. Litt. XXXIV, 3656 ff., Walthers von Rheinau Marienleben, ed. Keller, Tübingen 1852, 104 b, 51 ff.

dass Wolfdietrich, bei seinem Auszug in den Kampf, das Versprechen gibt, kein Weib zu nehmen, bis er Berhtung und die Seinigen befreit haben werde (A 438 ff.).
Für die Jugendgeschichte Wolfdietrichs bieten die andern Fassungen verhältnismässig wenig. D weiss scheinbar nichts von der Verstossung Wolfdietrichs, der hier mit seinen Brüdern vom Vater das Schwert nimmt (III, 1 ff.). Aus den spärlichen Bruchstücken von C lässt sich wenig entnehmen; doch scheint hier auf ein Leben Wolfdietrichs mit den Wölfen angespielt zu sein (II, 15 ff.). Die schon erwähnte Fassung B bringt einen von A vollständig abweichenden Bericht über Wolfdietrichs Geburt. Da niemand von seiner Existenz etwas wissen soll, wird er aus dem Turme, wo seine Mutter weilt, in den Graben gelassen und von einem Wolf fortgeschleppt. Unter den Wölfen findet ihn ein Jäger des Königs, seines Grossvaters, der ihn annimmt und Wolfdietrich tauft (138 ff.). Interessant ist B wegen der ausführlichen Geschichte Hugdietrichs, die der eigentlichen Erzählung vorangeht, was, wie Jänicke[1]) sagt, auf die Art der höfischen Epen hinweist; doch meint er, es wäre gewagt, daraus den Schluss zu ziehen, dass B jünger sei als die andern Fassungen[2]). Interessant ist A schliesslich auch noch wegen des dort am deutlichsten durchgeführten Verstossungsmotivs, das die andern Fassungen nur undeutlich oder gar nicht hervorheben. Der Vater, durch die Stärke des in seiner Abwesenheit geborenen Kindes erschreckt, schenkt den Verleumdungen des ungetreuen Saben Gehör und will das unheimliche Teufelskind verderben (A 40 ff.). Dieser Zug erinnert an das alte Oedipusmotiv, das sich auch in der Geschichte des Paris wiederfindet, dessen Kindheit Konrad von Würzburg im Trojanischen Krieg[3]) ausführlich erzählt[4]). Rührend, wie der Dichter des

---

[1]) Jänicke, a. a. O. IV, Einleitung XL.

[2]) Wenig ursprünglich scheint mir die Schilderung der Erziehung in D III, 2 ff.

[3]) Der Trojanische Krieg von Konrad von Würzburg, ed. Keller, Bibl. d. litt. Ver. XLIV, 380 ff.; vgl. 41617 ff. Auch Jansen Enikel erzählt die Jugendgeschichte des Paris in seiner Weltchronik, ed. Strauch, 13551 ff.

[4]) Zum Verstossungsmotiv vergleiche ebenfalls im Troj. Krieg (14450 ff.) Jupiter und Hercules, die von ihrer Mutter als Mädchen verkleidet werden, damit sie dem Zorn des Vaters entgehen. Sonderbar ist das Schicksal der Kinder Wilhelms von Wenden in dem Gedichte Ulrichs von Eschenbach (ed.

Wolfdietrich, weiss Konrad die Reize des dem Tode geweihten Kindes zu schildern, die des Mörders Herz erweichen und jenem das Leben retten. Der kleine Paris erblickt sein Bild in dem glitzernden Schwert, das der Mörder zückt, und lächelt so' süss, dass dieser den Todesstreich nicht führen kann (468 ff.)[1]). Paris ist schön beschrieben, hat aber wenig Individualität, und seine Persönlichkeit scheint den Dichter nur insofern zu interessieren, als er an dem feinen Hirtenknaben die Wahrheit des Sprichwortes nachweisen kann, dass der Apfel nicht weit vom Stamme fällt (632 ff.); denn Paris, obgleich unter Hirten erzogen, ist und bleibt ein Königskind. Der Schwerpunkt des Interesses aber liegt für Konrad in der Huldigung an Frau Venus, der sein Held den Apfel zuerkennt; denn der alte Mythus konnte für niemand anziehender sein als gerade für'den der Minne unermüdlich huldigenden Konrad, und aus seinem eigenen Herzen lässt er seinen Helden·sprechen:

„*der apfel sol gezemen*
der hôchgelopten minne."   2768 f.

Mit Wolfdietrich schliesse ich die Serie der Helden, deren Jugendgeschichte in der epischen Dichtung von Bedeutung ist. Trotz des grossen Interesses an der Kindheit der Helden im Allgemeinen wird natürlich immerhin noch bei vielen die Jugendgeschichte übergangen oder sehr kurz zusammengefasst. Zu erwähnen wären hier noch Herzog Ernst[2]), der eine höfisch ge-

---

Toischer, Bibl. d. mhd. Litt. in Böhmen, I), der seine beiden in der Wildnis geborenen Söhnchen verkauft, 2070 ff. Sie werden von Kaufleuten erzogen, zeichnen sich durch ihre Schönheit aus, was die Eifersucht der Kaufmannsfrauen erregt. Bei Gelegenheit eines Streites erfahren die Verkauften ihre Geschichte und ziehen aus, ihre Eltern zu suchen, 4732 ff. Die Art, wie sie dieselbe erfahren, erinnert an eine Stelle im Gregorius, wie Toischer zeigt (a. a. O. XIX). Vgl. mit Wilh. v. Wenden das Gedicht Die gute Frau ed. Sommer, Z. f. d. A. II, 385 ff. Hier werden die ebenfalls in der Wildnis geborenen Kinder in des Vaters Abwesenheit von dem Bischof von Reims und dem Grafen von Urliens gefunden und von ihnen erzogen, 1807 ff.

[1]) Greif, Die mittelalterlichen Bearbeitungen der Trojaner-Sage (Ausgaben und Abhandlungen aus dem Gebiete der roman. Phil., LXI, 95 ff.) weist auf die Übereinstimmung dieser Szene mit einer Stelle der Ilias des Simon capra aurea hin.

[2]) Herzog Ernst, ed. Bartsch, 60 ff.

lehrte Erziehung geniesst, Achilles im Trojanischen Krieg Konrads¹), den eine Löwin säugt, und den der Kentaur Schyron alsdann erzieht, damit er früh abgehärtet und für den Kampf gestählt werde (6020 ff.), und Dyocletian, der sieben weisen Meistern zur Erziehung übergeben wird²); dazu kommt als Nebenfigur zunächst Ortlieb, der im Nibelungenliede eine ganz passive Rolle spielt (1850 ff., 1898), während er in der nordischen Sage auf Geheiss seiner Mutter Högni mit der Faust an das Kinn schlägt, wodurch dieser gereizt wird, ihn zu töten³); schliesslich der Sohn Mais und Beaflors⁴) und das entsprechende Kind in der Königstochter von Frankreich⁵). Von Loherangrin, dem einen Söhnchen Parzivals, erzählt Wolfram den hübschen Zug, dass, als man ihn zu seinem Oheim Feirefiz trug, er ihn nicht küssen wollte wegen seiner schwarz und weissen Farbe (Parz. 805, 28 ff.). Sonst bleiben beide Kinder, Kardeiz und Loherangrin, passiv (Parz. 800, 20 ff.). Passiv sind ebenfalls im Trojanischen Krieg Helenas Tochter (20782 ff.), Pirrus, der Sohn des Achilles (28634 ff. 28924 ff.), die Kinder Hectors (41005 ff.) und die Kinder des Paris (47165 ff.). Nur erwähnt werden im Nibelungenliede Gunther, das Söhnchen Siegfrieds, und Siegfried, das Söhnchen Gunthers (659 ff.).

Der Geist des Mittelalters ist auf Kampf und Abenteuer gerichtet; er äussert sich am anschaulichsten in den Kreuzzügen und hinterlässt der Nachwelt seine Spuren in der epischen Dichtung, deren Heldentypus im Ursprung durchaus kriegerisch ist, später besser als abenteuerlich bezeichnet wird. Im Bestreben der Dichtung, diesen Typus zu verwirklichen, ist es begründet, dass die Heldengestalten die Grenzen des Möglichen überschreiten und riesenhafte Proportionen annehmen, und diese Riesenhaftigkeit stört um so weniger, als die Gestalten in einer saghaften Welt gedacht werden, die in den Rahmen der Wirklichkeit gar nicht

---

¹) Über die Kindheit des Achilles berichtet kurz auch Jansen Enikels Weltchronik, ed. Strauch, 14543 ff.
²) Dyocletianus Leben von Hans von Bühel, ed. Keller, Bibl. d. gesamt. d. Nat. Litt. XXII.
³) Saga Didriks Konungs af Bern, ed. Unger, Kap. 379.
⁴) Mai und Beaflor, ed. Pfeiffer, Dichtungen des deutschen Mittelalters VII, S. 183 ff.
⁵) Des Bühelers Königstochter von Frankreich, ed. Merzdorf, Oldenburg 1867, 2679 ff.

passen würde. Die Tendenz der mittelalterlichen Dichter, das Charakteristische ihrer Helden schon im Kinde zu zeigen, hat zur Folge, dass auch die Kindergestalten etwas Übernatürliches annehmen, so dass an das Kind wie an den erwachsenen Helden der Masstab des Idealen anzulegen ist. Diese übernatürlichen Proportionen nimmt man gleich am Kinde wahr; oft sind die Helden schon in der Wiege Wunderkinder an Kraft und Grösse, wie Alexander oder Wolfdietrich, oder sie sind frühreif und vollbringen in zarter Jugend Taten, die sie den bewährtesten Kämpfern an die Seite stellen. Bei solchen Schilderungen fällt ein schwacher Dichter leicht ins Absurde, so z. B. der anonyme Verfasser des Biterolf, wenn er den unerfahrenen Dietleib auf seiner ersten Ausfahrt in die Welt den sonst unüberwindlichen Hagen besiegen lässt. Überall muss sich die Tatenkraft und der Drang, Ruhm und Ehre zu gewinnen, äussern: daher die häufigen Beteuerungen, dass der Held kaum erwarten konnte, bis er den Ammen entzogen und den Rittern und Lehrmeistern übergeben wurde[1]; daher das sich oft wiederholende Motiv, dass der junge Held heimlich oder unter irgend einem Vorwand in die Welt hinausreitet[2], manchmal zu einer Zeit, wo er noch zu jung zum Waffenhandwerk ist und deshalb davon zurückgehalten werden soll; daher die feurige Ungeduld und Begeisterung, mit der die jungen Helden dem Ritterschlag entgegensehen, der ihnen erst recht den Weg zu Kampf und Ruhm auftun wird. Nicht anders steht es im Grunde mit den Dümmlingen, deren scheinbare Langsamkeit und Trägheit ihre plötzlich hervorbrechende Kraft und Tapferkeit nur um so auffallender hervorleuchten lassen soll.

---

[1] Der jüngere Titurel 1353 enthält eine Anekdote über Gawan: Artus muss ihn in seinen Armen festhalten, um ihn vom Kampfspiel, dem er zusieht, abzuhalten. Dies ist nach Borchling (D. j. Tit. u. sein Verhältnis zu W. v. E., Göttingen 1897, S. 34) nur Variation von Parz. 66, 15 ff.

[2] Hier seien Engelhard (ed. Haupt-Joseph, Leipzig 1890, 286 ff.), Wilhelm von Orlens (siehe Zeider, Die Quellen von Rudolf von Ems W. v. Orlens, S. 22 ff.) und Meleranz in dem Gedichte des Pleier (ed. Bartsch, Bibl. d. litt. Ver. LX, 181 ff.) erwähnt; ferner der Held des fragmentarischen Gedichtes Crane des Berthold von Holle (ed. Bartsch, Nürnberg 1858, siehe Einleitung, XXIII ff.), Seifrid von Ardemont (siehe Spiller, Albrecht v. Scharfenberg und der Dichter des jüngern Titurel, Z. f. d. A. XXVII, 171) und der Held in dem Gedichte Die gute Frau (ed. Sommer, Z. f. d. A. II, S. 405, Zeile 403 ff.).

Diese naive Dichtung, die den Schwerpunkt ihres Interesses in Kämpfen, abenteuerlichen Begegnungen mit Ungeheuern und dergleichen sucht, macht unter den Händen eines Wolfram oder Gottfried eine Wandlung durch. Obgleich der Stoff derselbe bleibt, lässt sich eine Tendenz wahrnehmen, das Hauptinteresse in das Innere des Menschen hineinzulegen. Die Seele des Helden wird zum Schauplatz des Kampfes, während die äussern Kämpfe in den Hintergrund treten oder eine symbolische Bedeutung erhalten. So wird aus der naiven eine reflektierende Dichtung, und zu dieser Umwandlung eignen sich die Stoffe der Artussagen am besten. Die in den Sagen ursprünglich riesenhaften Züge werden gemildert oder veredelt. Der gefeierte Tristan glänzt durch geistige Gaben, nicht durch Riesenstärke wie die alten Helden, und im Parzival verschwinden die Berichte über seine übernatürliche Grösse und Kraft, die der geschmacklose Albrecht von Scharfenberg ihm wieder andichtet [1]). Die Helden werden menschlicher, während sie vorher noch mit den Göttern verwandt und ihnen ähnlich waren, und diese Menschlichkeit war auch notwendig bedingt, sobald sich im Helden das Ringen und Kämpfen der Menschenseele widerspiegeln sollte.

Wolfram und Gottfried nähern sich dem modernen Roman, den als ergreifenden Reflex wirklicher Zustände eine tiefe Kluft von dem beschaulichen Wesen der alten Epik scheidet. Nur ein einziges Produkt aus dem Gebiete des mittelhochdeutschen Romanes, der Meier Helmbrecht[2]), lässt sich in Bezug auf Realismus dem modernen Roman an die Seite stellen.

„Der eine sagt, was er sieht, der andere, was ihm geschieht, der dritte von Minne, der vierte von Gewinn, der fünfte von grossem Gut, der sechste von hohem Mut; hier will ich sagen, was ich zufällig mit angesehen habe," hebt Wernher der Gärtner sein Gedicht an, das, direkt aus dem Leben gegriffen, einen grossen Kontrast zu der idealen Märchenwelt der höfischen Romane bildet. Der sich aus dem Bauernstand zum Raubrittertum emporschwingende Held der Erzählung liefert eine ebenso tragische Karrikatur des höfischen Lebens als Lichtenstein eine groteske

---

[1]) Der jüngere Titurel 4386, 3 ff.
[2]) Meier Helmbrecht, ed. Keinz, Leipzig 1887.

des Minnedienstes. Das Gedicht hat, im Gegensatz zu den Romanen im Allgemeinen, eine lehrhafte Tendenz, indem der dem geistlichen Stande angehörige Dichter die Gestalt Helmbrechts der jungen, über ihren Bauernstand hinausstrebenden Generation zur Warnung vorführt (Keinz 11).* Wernher gibt nicht, nach Art der höfischen Romane, eine ausführliche Kindheitsgeschichte Helmbrechts. Die blosse Beschreibung der extravaganten Kleidung, die Mutter und Schwester dem schönen Jüngling verschaffen, genügt um auf Helmbrechts Charakter schliessen zu lassen. Der verwöhnte Sohn, der eine Haube trägt, auf der, nebst Vögeln und jungen Leuten im Reihentanz, die Geschichte von Troja, die von Roland und von Helchens Kindern abgebildet sind (9 ff.), ist von vorn herein durch die Mutter verderbt, die in törichter Eitelkeit ihr Kind zum Ritter ausputzen will. Schöner ausstaffiert als alle Bauernsöhne der Gegend, wird Helmbrecht seiner einfachen Verhältnisse überdrüssig:

„*min wille mich hins hove treit*",   226.

spricht er übermütig; denn seinen blond gelockten Haaren, seinem wohl anstehenden Rock und seiner schönen Haube ziemt die Bauernarbeit nicht, wie er dem Vater vorstellt, dessen Ermahnungen ihn ungerührt lassen (232 ff.). In allem ist er eine Karrikatur des idealen höfischen Helden. Er muss wie dieser in die Welt stürmen, und als der Vater ihn mit Meier Ruoprechts Tochter locken will, zu Hause zu bleiben, antwortet er, er wolle sich nicht verliegen um der Weiber willen (328 f.), und doch verlässt er den Pflug, damit er weisse Hände bekomme und sich nicht schämen müsse, wenn er an der Frauen Hand tanzt (570 ff.). So stürmt er denn schliesslich ins Leben hinaus; aber nicht Ehre und Ruhm gewinnt er dort: er nimmt ein schmähliches Ende und muss seine Torheit mit dem Tode büssen.

Der auf das Kriegerische und Romantisch-Abenteuerliche gerichtete Sinn des Mittelalters erklärt vielleicht zur Genüge, warum die Frau im biographischen Roman gar keine Rolle spielt. Es gibt keinen einzigen Roman, dessen Hauptfigur eine Frau wäre. Die Frau blieb am häuslichen Herd den wilden Kämpfen, Gefahren und Abenteuern fern[1]) und konnte deshalb auch in einer auf

---

[1]) Freilich war auch das Ideal der Virago, der Walküre, dem Mittelalter nicht fremd; vgl. Brünhild, Gyburg etc.

diesem Gebiete sich bewegenden Epik nicht figurieren. Ihr einförmiges Leben interessierte nicht; aber auch in den Anfängen einer Dichtung, die das Hauptinteresse in das Innere des Menschen verlegt, findet sie noch keinen Platz. Der alten Heldendichtung fremd, hält sie erst mit Minnesang und Minnedienst ihren Einzug in die Romanlitteratur, während ihr früher schon in der Legendenlitteratur unter den Heiligen eine ebenso ehrenvolle Stellung wie dem Manne zugewiesen worden war [1]).

II. Die Liebe im Kindesalter.

Nie hat wohl die Liebe in der Litteratur eine grössere Rolle gespielt als im Mittelalter. Der Allgewalt der Frau Minne [2]) kann sich keiner entziehen. Sie lässt sich an den Starken und Gewaltigen nicht genügen, sondern verlangt auch in die Herzen der

---

[1]) Die Erziehung der Mädchen allerdings wird häufig behandelt oder erzählt und besonders in Dichtungen, deren Stoffe auf antike Überlieferung zurückgehen. Ich verweise auf das Leben der h. Katharina (Grosses Passional, ed. Köpke, 669, 12 ff.), die zwar unter die Heiligen gehört, und auf Meliur im Partonopier (ed: Bartsch, 8064 ff.), die eine gelehrte Erziehung geniessen; ferner auf Tarsia in Heinrichs von Neustadt Apollonius (ed. Strobl, Wien 1875, S. 85), deren Harfen- und Saitenspiel gerühmt wird, und von der der Dichter behauptet. sie hätte mehr gekonnt als selbst Tristan. Ein Märchenzug hat sich in den Berichten über Hildens Erziehung erhalten: Hagen lässt sie so sorgfältig erziehen, dass die Sonne sie nie bescheinen noch der Wind berühren durfte (Gudrun 198).

[2]) Häufig wird sie auch Frau Venus, sogar Frau Amor genannt (Eilhart 2464, Eschenbachs Alexander 301). Neben Venus lebt auch Amor in der Phantasie weiter, der von Cupido geschieden und als sein Bruder gedacht wird (Parz. 532, 2. Eneide 10157. 10242. Laber ed. Schmeller, Anhang III, 2, 1). Meist wird er aber nicht als Kind gedacht, sondern schon als Mann; denn er wird *herre* Amor (Wigalois 830), *fürste* Amor (Konrad, Lied. 2, 67), und *got* Amor (Konr. Lied 2, 16. 53) genannt, und Konrad beschreibt ihn auf einem Schilde als nackten Mann (Partonopier 20724 ff.), woneben allerdings andere am antiken Bilde festhalten, und z. B. der Wilde Alexander auf dem Schilde der Minne Amor als blindes Kind entwirft (M. S. H. II, 365); vgl. auch das allegorische Gedicht von der Minneburg, wo die Minne als Kind erscheint (Ehrismann, Das mhd. Gedicht von der Minneburg, P. B. B. XXII, 303 ff.). Im

Kinder Eingang. Selbst die unbewusste Glückseligkeit der Kinderwelt muss ihrer peinigenden Macht weichen, und vorwurfsvoll wendet sich Wolfram deshalb an sie mit den Worten:

> „*owê minne, was touo dîn kraft under kinder?*"
> Tit. 49, 1.

Obwohl das Motiv der Liebe im Kindesalter dem ausgehenden Altertum nicht fremd war[1]), kann man es doch als charakteristisch für die Litteratur des Mittelalters bezeichnen, dass sie die Keime der ersten Liebe häufig in die Kinderseele verlegt und sich mit besonderem Interesse dem Problem der Liebe beim Kinde immer wieder zuwendet. Für diese Frühreife mag oft die fremde Quelle verantwortlich zu machen sein, die aus Gegenden stammte, wo die Mannbarkeit früher eintrat; aber auch abgesehen von fremden Einflüssen auf die Litteratur, muss die Liebe im Kindesalter der damaligen Zeit näher gelegen haben als der unsrigen; denn sie wird da und dort nur beiläufig als etwas ganz selbstverständliches erwähnt: Hugdietrich macht sich mit zwölf Jahren auf die Brautfahrt[2]); Wilhelm von Österreich wird schon als Knabe allnächtlich von der Minne gequält, die ihm im Traume seiner Geliebten Aglie Bild vorführt, bis er endlich aufbricht, sie zu suchen[3]); Demantin wirbt um ein zwölfjähriges Mädchen, das ihm in Liebe zugetan ist, ihm jedoch hier allerdings, weil sie noch zu jung sei, nicht gegeben wird[4]); der Ritter Mabonagrin erzählt Erec, wie er mit seiner elfjährigen Geliebten aus ihres Vaters Haus entrann (Erec 9466 ff.); Gahmuret spielt an einer

---

Allgemeinen erschien wohl die Vorstellung von der Minne als einem Kinde dem Mittelalter nicht ansprechend, und Wolfram spottet in seiner Weise über dieselbe, wenn er an einer Stelle sagt: *ist minne ir unfuoge balt, dar zuo dunket si mich zalt, ode giht sis ûf ir kintheit, swem si flieget herzeleit?* Parz. 533, 9 ff. Veldecke (Eneide, ed. Behaghel, 805 ff.), ebenso wie seine französische Quelle, führt Askanius als Jüngling auf und lässt Didos Minne sich entflammen, nachdem sie ihn geküsst hat, während bei Vergil durch eine List der Venus Cupido statt Askanius vor Dido tritt.

[1]) Ich erinnere hier an die Hirtengeschichte Daphnis und Chloe des Longus.
[2]) Deutsches Heldenbuch III, Wolfdietrich B. 9 ff.
[3]) Zacher, Handschriften im Haag. Wilhelm von Österreich durch Johann von Würzburg, Z. f. d. A. I, 216 ff.
[4]) Demantin von Berthold von Holle, ed. Bartsch, Bibl. d. litt. Ver. CXXIII, 95 ff.

Stelle auf sein Verhältnis zu Amphlise an, als sie noch beide Kinder gewesen seien (Parz. 94, 27 f.); Kaedin in Freibergs Tristan behauptet, Kassie, die Gemahlin des Nampotenis, mit der er erzogen worden ist, von Kind auf geliebt zu haben (5759 ff.); und von Loifilol dem *staeten* endlich wird behauptet, er habe sein Weib geliebt, ehe sie ein Jahr alt gewesen sei (Lanzelet 5973 ff.). Kinderehen und -Verlobungen waren an der Tagesordnung; um auf die zahlreichen Beispiele aus der Geschichte nicht einzugehen, erwähne ich hier nur eine Stelle im Lanzelet, wo Valerin auf Ginover Anspruch macht, weil sie ihm verlobt gewesen sei, noch ehe sie heiratsfähig wurde (4992 ff.), und eine Episode in Mai und Beaflor (ed. Pfeiffer, 10, 24 ff.), wo die Fürsten des Landes um Beaflor bei ihren Eltern anhalten, noch ehe sie zehn Jahre alt ist.

Mehr als diese Sitte musste jedoch vor allem die ganze Tendenz der höfischen Erziehung eine Frühreife in Dingen der Liebe hervorbringen. Frauendienst wird den Knaben, Minne und Minnelohn den Mädchen empfohlen. Ich erinnere hier an die im vorigen Kapitel erwähnten Lehren, welche Aristoteles dem Alexander in den Secreta Secretorum erteilt[1]), ferner an die Lehren, die Heinrich von Narbon seinen scheidenden Söhnen[2]) giebt, der Winsbecke und die Winsbeckin ihren Kindern. Charakteristisch sind auch die Gespräche zwischen der naiven Lavinia und ihrer königlichen Mutter[3]), und die Lobpreisungen, die Uote im Eingang des Nibelungenliedes der *mannes minne* spendet, als sie Kriemhilde ihren Traum auslegt (15 ff.). Thomasin empfiehlt die Lektüre von *aventiuren* für Kinder (1089 ff.), und stellt sogar den galanten Gawan wegen seiner reinen Tugend als Muster auf, und Lichtenstein hört von Frauenverehrung, als er noch auf dem Steckenpferde reitet (3, 21 ff.).

---

[1]) Unterricht über das Wesen der Minne gibt auch dem Titurel sein Lehrer, obwohl die Mutter T.'s verboten hat, diesem von Minne zu sprechen (s. o. Herzelöude und Parzival S. 18), nachdem der Knabe durch Lektüre des *puolare Ovidius* (j. Tit. 180, 2) nun einmal von ihr Kenntnis erlangt hat (s. u. S. 58 f. über die Lektüre Flore's und Blanscheflurs).
[2]) Türlins Willehalm, ed. Singer, Bibl. d. mhd. Litt. in Böhmen, IV. XXI ff.
[3]) Eneide, ed. Behaghel, 9789 ff.

II. Die Liebe im Kindesalter.

Die direkte Folge einer solchen Tendenz in der Erziehung war nach aussen hin ein konventioneller Minnedienst, wie er sich vor allem in den Liedern der Minnesinger abspiegelt, die so häufig beteuern, ihre Geliebte von Kind auf geliebt und ihr schon in der Kindheit gedient zu haben [1]). Am deutlichsten tritt diese Richtung bei Hadlaub hervor, der die Geschichte seiner Jugendliebe ausführlich erzählt. Unter den Händen Gottfried Kellers ist sie zur hübschen Novelle geworden, in welcher das tändelnde Wesen des damaligen Minnedienstes sehr geschickt dargestellt ist und als äussere Form erscheint, unter der sich der Kern wahrer Liebe birgt.

Dennoch ist die Liebeslitteratur keine bloss konventionelle. Im Gegenteil entwickelt das Mittelalter, das die Minne in ihren verschiedensten Wirkungen belauscht, hier eine grosse Mannigfaltigkeit, und vielleicht ganz besonders da, wo das Motiv der Liebe bei Kindern behandelt wird. Wolfram, der sich wiederholt damit befasst, betrachtet die kindliche Liebe jedesmal von einem verschiedenen Gesichtspunkte aus, und interessant ist es, dass er gerade hier vielleicht seine grösste Selbständigkeit entfaltet; denn die seiner Quelle entnommenen Gestalten Sigunens und Schionatulanders hat er wahrscheinlich selbst weiter entwickelt; die humoristischen Züge der Liebesepisode zwischen Rennewart und Alyze im Willehalm müssen als seine Erfindung gelten, und die reizende Figur Obilots ist so aus dem Leben gegriffen, dass Simrock vermutete, Wolfram habe darin sein eigenes Töchterchen zeichnen wollen. Wolfram hat auch auf diesem Gebiete scharf

---

[1]) Becker (Der mittelalterliche Minnedienst in Deutschland. Festschrift der Oberrealschule zu Düren 1895, S. 44) verzeichnet die Dichter, welche die kindliche Liebe behandeln: Hadlaub, Schweizer Minnesinger, ed. Bartsch, 286. Teschler a. a. O. 90. Honberc a. a. O. 279. Hausen, Minnesangs Frühling 50, 11. Hartmann a. a. O. 206, 12. Johansdorf a. a. O. 90, 16. Morungen a. a. O. 134, 31; 136. 11. Neifen, M. S. H. I, 44. 47. Winterstetten a. a. O. 167. Ehenheim a. a. O. 346. Der Düring, M. S. H. II 27. Hornberk a. a. O. 66. Marner ed. Strauch 87.

Ebenso wie das alt und grau werden im Dienste der Geliebten sind vielleicht diese Behauptungen nur phrasenhaft. Siehe Uhl, Unechtes bei Neifen, Gött. Beiträge zur d. Phil. IV, 75. Michel (Heinrich von Morungen und die Troubadours, Q. F. XXXVIII, 128) macht es wahrscheinlich, dass diese Redensarten aus der Poesie der Troubadours herübergenommen sind.

beobachtet und in seine Dichtung frische, reale Züge aus dem
Leben aufgenommen, und dasselbe lässt sich von seiner Zeit im
Allgemeinen behaupten, da wo sie die Liebe in den verschiedenen
Lebensstadien der Menschen schildert; denn hier haben die Men-
schen des Mittelalters beobachten und denken gelernt. So wenig
Hang sie sonst zum Philosophieren zeigen, über die Minne grübeln
sie unaufhörlich nach, zum Teil wohl deshalb, weil sie ihre Wirkung an sich selbst erfahren. Es ist daher begreiflich, dass sie
sich in ihrer Liebeslitteratur nicht bloss mit gewissen stereotypen
Zügen abfinden konnten, wie dies manchmal bei der Helden- und
Legendenlitteratur der Fall ist. Während hier generalisiert wird,
lässt sich dort eine individualisierende Tendenz wahrnehmen.
Die Liebeslitteratur ist viel differenzierter als jede andere Gattung, und man kann hier trotz aller konventionellen Tünche des
höfischen Minnedienstes nicht von einem typischen Liebespaar
sprechen, wie man von dem Typus des Helden oder Heiligen
spricht, und dies gilt wiederum ganz besonders von den liebenden
Kindern, die einer sehr verschiedenartigen Behandlungsweise unterworfen sind. So schildert z. B. Fleck in Flore und Blanscheflur,
die liebend umschlungen auf einem Lager ruhen (6091 ff.), die
innige Freundschaft und kameradschaftliche Liebe zweier Kinder,
denen jede Ahnung eines sinnlichen Triebes fern bleibt, während
die oft verletzend derben Züge der Novellen- und Schwanklitteratur
einen schroffen Gegensatz zu einer derartig idealen Darstellung
kindlicher Unschuld bilden[1]). Ich erinnere hier an die Geschichten
vom Häselein, vom Sperber, vom Gänselein und vom Schwangern
Mönch (V. d. Hagen, Gesamtabenteuer II, XXI—XXIV), deren
beide ersten die Naivetät eines Mädchens einem lüsternen Ritter
gegenüber schildern, die beiden letzten die Unerfahrenheit eines
jungen, im Kloster aufgewachsenen Mönchs behandeln und auf

---

[1]) In Heinrichs von Freiberg Fortsetzung des Tristan (ed. Bechstein, Deutsche
Dichtungen des Mittelalters V) erscheint Tantrisel, den der Dichter ein *ur-
kleines kindelin* (2693) nennt, in das ganze Liebesverhältnis von Tristan und
Isolde eingeweiht und hilft den Beiden wiederholt mit Rat und Tat in ihren
Liebesintriguen: 2693 ff. 3016 ff. 3274 ff. 3465 ff. 5054 ff. 5253 ff. Vgl. die
entsprechende Figur in Eilhards Tristan 8654 ff. Ein enfant terrible dagegen,
das in seiner Naivetät seine Mutter verrät, begegnet in dem Abenteuer Berchta
mit der langen Nase, V. d. Hagen, Gesammtabenteuer III, LIV.

obscöne Weise ins Lächerliche ziehen. V. d. Hagen (II, VIII) weist bei der Geschichte vom Gänselein auf jene damit Ähnlichkeit zeigende Anekdote in Barlaam und Josaphat hin, die der Zauberer Theodas, um den König Avenier zu ermutigen, seinen Sohn durch eine Frau zu Falle zu bringen, von einem Kinde erzählt: wie es, im zehnten Jahre zum ersten Mal die Welt erblickend (nachdem es bis dahin, um vor Erblindung bewahrt zu bleiben, in einer Höhle gelebt hatte), dem Vater erklärt, der Teufel habe ihm von allen Geschöpfen am besten gefallen; denn als solche hat ihm einer im Spasse die Frauen bezeichnet (Barlaam und Josaphat, ed. Pfeiffer, 292, 3 ff.). Der Grundgedanke dieser Anekdote findet sich in den eben genannten Abenteuern nach der rein sinnlichen Seite hin entwickelt, indem sie die kindliche Naivetät der gröbsten Sinnlichkeit zur Beute werden lassen. Während Fleck sich mit der Kindheitsperiode beschäftigt und Kinder im wahren Sinne des Wortes schildert, stellt Wolfram im Titurel die Übergangsperiode dar, die Sigune zur Jungfrau und Schionatulander zum Jüngling macht und in beiden die ersten Regungen einer leidenschaftlichen Liebe wachruft; ebenso kennen die meisten andern höfischen Dichter kein anderes Motiv als das der sich zum ersten Mal bewusst werdenden geschlechtlichen Liebe. Etwas anderes ist es, wenn sie bloss eine kindliche Schwärmerei schildern, die entweder einen Knaben oder ein Mädchen an eine Erwachsene, respektive an einen Erwachsenen fesselt, wie das bei Lichtenstein und Obilot der Fall ist. Hier wird denn auch nicht der oft rührende, fast elegische Ton angeschlagen, der den Dichtern eigen ist, wo sie die unerschütterliche Liebe zweier Herzen schildern, die sich früh in der Jugend schon gefunden haben. Vielmehr herrscht ein heiterer Ton vor, das komische Element kommt zur Geltung und artet bei Lichtenstein ins Groteske aus. Trotzdem ist bei Lichtenstein gerade jener lächerliche Dienst einer Frau gegenüber, die viel älter ist als er, echt[1]), und hat in der Geschichte wie in der Litteratur seine Analoga. Die Frauen, bei denen Lanzelet bis zum fünfzehnten Jahre weilt, wünschen alle, seine Liebe zu gewinnen (270 f.). In des Pleiers

---

[1]) Vgl. Becker, Wahrheit und Dichtung in Ulrich von Lichtensteins Frauendienst, Halle 1888, 32 ff.

Meleranz und Konrads Partonopier ist der Held offenbar jünger als seine Geliebte, und das Liebesverhältnis dennoch keine blosse Spielerei. Ebenso ist der Held des Gedichtes Die gute Frau[1]) jünger als seine Herrin und spätere Gemahlin, von der er dem Grafen von Poitou sagt, sie habe ihn von Kind auf erzogen (995). Gegen diese sich auch in der Litteratur widerspiegelnden, oft anomalen Verhältnisse zunächst schreitet Walther in jenem an die Frauen gerichteten Spruche ein, wo er sagt:

> „hüetet iuwer, guoten wîp
> vor kinden bergent iuwer jâ:
> so enwirt ez niht ein kindes spil.
> minn unde kintheit sint ein ander gram." 102, 5 ff.

Walther steht hier als Didaktiker auf dem Boden der Wirklichkeit und hegt Bedenken, die in der Dichtung ihre Bedeutung gänzlich verlieren; denn sie löst die Gegensätze des Lebens auf, und so ist es ihr auch gelungen, in ihrem Bereiche Minne und Kindheit aufs lieblichste zu vereinigen.

Flore und Blanscheflur[2]). Flore, der Sohn eines heidnischen Königs, und Blanscheflur, die Tochter einer kriegsgefangenen Christin, am gleichen Tage geboren, lächeln sich schon in der Wiege an (599 ff.); Hand in Hand gehen sie in die Schule und küssen sich unterwegs tausendmal. Im Baumgarten vertreiben sie sich fröhlich die Zeit und schreiben auf ihre Tafeln von den Vögeln, wie sie singen, von den Blumen, wie sie blühen, und von der Minne. In ungetrübtem Glück vergehen die seligen Kinderjahre. Da beginnt Flores Vater Bedenken zu hegen über die Freundschaft der Kinder. Sein Sohn soll nicht die Tochter einer Kriegsgefangenen und dazu eine Christin heiraten. Er wird fortgeschickt und Blanscheflur in seiner Abwesenheit verkauft. Dem zurückkehrenden Flore wird das Grab der Geliebten gezeigt, denn

---

[1]) Die gute Frau, ed. Sommer, Z. f. d. A. II, 385 ff.
[2]) Flore und Blanscheflur von Konrad Fleck, ed. Sommer, Bibl. d. gesamt. d. Nat. Litt. XII. Sundmacher (Die altfr. und mhd. Bearbeitung der Sage von Flore und Blanscheflur, Göttinger Dissertation 1892, S. 21) weist nach, dass das erhaltene franz. Gedicht nicht die direkte Quelle für Fleck ist. Ruprecht v. Orlent (denn so ist nach dem neugefundenen Fragment Lambels, Festschr. z. VIII. allg. d. Neuphilologentage S. 51 f. zu lesen), den Fleck als seine Vorlage nennt, muss mit dem franz. Gedicht eine gemeinsame Quelle gehabt haben.

die Eltern geben vor, Blancheflur sei gestorben, in der Hoffnung, ihr Kind werde sie bald vergessen. Als er jedoch untröstlich ist und sogar an Selbstmord denkt, wird ihm die Wahrheit offenbart, und er zieht aus, Blancheflur zu suchen. Endlich gelingt es ihm, sich wieder mit ihr zu vereinigen; in einem Rosenkorb gelangt er zum Gemache der Geliebten, die ein Emir bis zu seiner Vermählung mit ihr in einem Turme festhält. Die Liebenden werden entdeckt und sollen den Tod erleiden, aber ihre Treue und Standhaftigkeit rühren des tyrannischen Emirs Herz, und er schenkt ihnen Leben und Freiheit wieder.

Diese liebliche Erzählung ist wahrscheinlich byzantinischen Ursprungs[1]). Ein ähnliches Motiv behandelt der schon erwähnte Longus in dem Romane Daphnis und Chloe[2]). Während seine Liebenden in den Rahmen einer idyllischen Hirtenwelt gehören, spielt die Sage von Flore und Blancheflur ursprünglich im Bereiche des Märchens, aus dem die Kinder ihre Namen Blume und Weissblume beibehalten haben (Sommer a. a. O. Einleitung XXX). Als Märchen ist das Ganze zu betrachten, und nur als solches kann die Geschichte Flecks, wie Sommer (a. a. O. Einleitung XXVIII) sagt, richtig beurteilt werden. Im Ganzen behält Fleck den Ton des Märchens bei, aber er kann ihn nicht ganz wahren, da er unter höfischem Einfluss steht und den Kindern deshalb da und dort einen höfischen Anstrich gibt.

Während er zuerst seiner Geschichte einen so grossen Reiz verleiht, wenn er sagt, dass die Kinder

ein ander minneten
und sich niht versinneten
waz minne waer und ir getât. 607 ff.

trübt er gleich darauf diesen Eindruck unbewusster Glückseligkeit dadurch, dass er erzählt, die Kinder hätten schon mit fünf Jahren zu verstehen begonnen, wie man der Minne untertan sein soll, und vom Gott der Minne spricht, der die Kinder zu Weisen macht, die jungen alt, die tauben grau (610 ff.). Er lässt die Kinder ihre

---

[1] Siehe Krumbacher, Geschichte der byzantinischen Literatur, 2. Auflage, S. XX, Anm. 8.

[2] Rohde, Der griechische Roman und seine Vorläufer, Leipzig 1876, S. 522, sagt, das dritte, vierte und fünfte Jahrhundert sieht für die Exegese der Lebenszeit des Longus offen.

Fantasie an Büchern nähren, die weise Pfaffen über die Minne geschrieben haben. Aus diesen vernehmen sie, wie die Minne dem einen Unglück, dem andern Glück bringe, und lernen vor ihrer Zeit, dass Minne bald hohen Mut verleiht, bald gebietet, dass man traurig sei (712 ff.).

> *Alse dô den kinden wart*
> *ze rehte kunt der Minnen art,*
> *dô wart ir fröude merre;*
> *wan sie getâten verre*
> *nâch der liebe die sie hâten,* 743 ff.

erzählt Fleck und beschreibt darauf die Liebesspiele der Kleinen, die, wie Kinder ja stets zu tun pflegen, alles mögliche fingieren und sich gerne in die Rollen Erwachsener hineindenken. Sie schreiben Liebesbriefe auf ihre Tafeln mit ihren Griffelchen und reden sich an mit *frou künginne* und *süezer âmîs*. Immer mehr tritt an die Stelle der unbewussten Liebe eine reflektierende. Flore beteuert, Blanscheflur sei ihm lieber als ein einziges Kind seiner Mutter und fragt sie, was daraus werden solle, denn er leide davon Ungemach, und Blanscheflur geht noch weiter, indem sie sagt, dass ein Kind keinen solchen Kummer kennen sollte, wie sie ihn allezeit um Flores willen leide (748 ff.). Diese Ergüsse der Kinder steigern sich, als auf die glückliche Zeit ihres Zusammenlebens die Trennung folgt. Blanscheflur hat das herannahende Unglück schon geahnt, und nachdem Flore ihr den Traum von den zwei Täubchen, die ein Habicht verfolgt, als ihr eigenes, vom Könige bedrohtes Schicksal gedeutet (1085 ff.), bricht sie in eine lange Klagerede aus, verwünscht ihre vergangene Glückseligkeit und den Tag ihrer Geburt, hadert mit der unbeständigen Minne und sehnt sich nach dem Tode (1145 ff.). In dieser Szene scheint es fast, als hätte Fleck vergessen, dass er Kinder darstellen will. Flore fällt bei der Nachricht, dass er Blanscheflur verlassen müsse, in Ohnmacht (1059), und Blanscheflur macht mit ihrem Griffelchen einen Selbstmordversuch. Sommer (a. a. O. Einleitung XIII) weist darauf hin, dass die übertriebene Tragik an dieser Stelle, wo es sich nur um eine zehntägige Trennung handelt, die eigentliche Tragik am vermeintlichen Grabe Blanscheflurs schwäche. Diese Szene gehört zu den schönsten der ganzen Erzählung. Gerührt steht der Knabe am Grabe seiner Gespielin und erblickt sie mit ihm in lieblichem Gespräch auf einem Grabmal abgebildet, wo er die Worte liest:

> hie lît Blanscheflûr diu guote,
> die Flôre minte in sinem muote,
> und si in ze gelicher wîs.
> si was sin friunt, er ir âmis.   2223 ff.

Weinend kniet er nieder und bricht in laute Klagen darüber aus, dass Blanscheflur, der Gott einst zur selben Stunde wie ihm zu leben gebot, ihm nun durch den Tod entrissen sein soll. Er preist die Tugend, Schönheit und Lieblichkeit seiner Gefährtin und ruft sich die glücklichen Tage ins Gedächtnis zurück, da er heimlich mit ihr zusammen Latein plauderte, und sie sich auf ihren Täfelchen Liebesbriefe schrieben. Bis zur Verzweiflung steigert sich seine Sehnsucht, so dass er endlich an den Tod denkt; denn nur dieser kann ihn zu ihr bringen, damit sie wieder seine Gespielin werde, und so führt er denn das Griffelchen, das ihm Blanscheflur beim Abschied als Andenken gegeben, gegen seine Brust mit den Worten:

> ei griffelîn, nû füere mich
> ze Blanscheflûr, swâ diu ist;
> wan dû ein urkünde bist
> der liebe die wir hâten.   2380 ff.

Die häufigen Monologe und langen Reflexionen der Kinder, die so unnatürlich scheinen, sind zum Teil auf Rechnung der Technik des mittelalterlichen Romanes zu setzen. Fleck legt nicht nur das, was in den Personen innerlich vorgeht, ihnen in den Mund, sondern lässt auch sein eigenes Gefühl stark in den Vordergrund treten, so dass er eigentlich selbst spricht, da wo Blanscheflur die Härte des Schicksals verwünscht oder Flore dem Tode sein Laster vorhält [1]; es liegt dem Dichter daran, im Leben der Kinder auszuführen, was er am Eingange angedeutet hat mit den Worten:

---

[1] Wenn man den Roman Flecks oder eines andern mittelalterlichen Dichters, der die Liebe zweier Kinder behandelt, mit einem modernen Roman vergleicht, wo das gleiche Motiv wiederkehrt (wie z. B. in Kiplings Light that failed), wird man ersehen, dass der Hauptunterschied zwischen dem modernen und dem mittelalterlichen nicht in der Auffassungsweise der kindlichen Liebe besteht, sondern in der Technik: was der mittelalterliche Dichter die Kinder selbst sprechen lässt, bringt der moderne durch seine eigenen Worte zum Ausdruck, indem er die Situation beschreibt und selbst erzählt, was in den Kindern vor sich geht.

> *wer mac sanfte liep gewinnen?*
> *des hânt uns bilde gegeben*
> *zwei geliebe der leben,*
> *was von minnen kumberlîch.* 290 ff.

Sie müssen um ihrer Liebe und Treue willen leiden, und wenn es Fleck nicht gelungen ist, diese tragische Periode im Leben der Kinder ihrer Kindlichkeit anzupassen, so versteht er es um so besser, das Glück der Liebenden auszumalen, als sie einander wiederfinden. Hier kehrt Fleck wieder ganz zur Natürlichkeit zurück, und man spürt, dass er Kinder schildern will: arglos verleben Flore und Blanscheflur zwanzig glückliche Tage im Turme des Emirs, in des Löwen Rachen. So gross ist die Freude, dass keine Gefahr daneben für sie existiert, und Blanscheflur, von ihrer Gefährtin Claris geweckt, damit sie ihre Dienste bei dem Emir verrichte, getrost an Flores Arm wieder einschlummert, was schliesslich zu der Entdeckung der Liebenden führt. Bis zum Schluss bewahren Flore und Blanscheflur ihre kindliche Reinheit und Arglosigkeit. Sie wissen nichts von *tougen minne*, können ihre Liebe nicht verbergen. Dies hat der Dichter schon zu Anfang hervorgehoben:

> *sie wâren leider einvalt,*
> *sinne blôz, witze bar.*
> *die liute begunden nemen war*
> *der grüeze und der âmûr*
> *zwischen Flôren unde Blanscheflûr.* 852 ff.

Diese Worte stehen in scheinbarem Widerspruch zu der schon erwähnten Stelle, wo Fleck von dem Gott der Minne spricht, der die Kinder zu Weisen gemacht hat. Aber der Dichter hat doch Recht, wenn er sie bald weise, bald *sinne blôz, witze bar* nennt; denn in dem Liebesverhältnis der Kleinen legt er ihre Altklugheit an den Tag, während er sie angesichts der Gefahren, die ihnen von aussen drohen, kindlich naiv und arglos schildert. Sie halten ihre Liebe vor den Eltern nicht geheim, da sie von dem Standesunterschied, der ihre Trennung herbeiführt, nichts ahnen, und ebenso wenig misstrauisch sind sie auch noch im Turme des Emirs, dessen Neid und Grimm sie sich nicht vergegenwärtigen können. In diesem echt kindlichen Wesen liegt für die Liebenden ihre Gefahr, aber auch wieder ihre Sicherheit; denn es rührt das Herz ihrer Feinde und verschafft ihnen endlich den Sieg.

II. Die Liebe im Kindesalter.

Sigune und Schionatulander. Mit Flore und Blanscheflur hat Gervinus (I, 4. Aufl., 464) Sigune und Schionatulander verglichen und gemeint, dass die Unschuld und Einfalt der Wolfram'schen Gestalten bei Fleck schon in Kinderei und Weichlichkeit übergegangen seien. Mir scheint, dass Fleck und Wolfram sich überhaupt gar nicht vergleichen lassen, da sie ihre das gleiche Motiv behandelnden Stoffe verschiedenen Sphären entnommen und ganz verschieden entwickelt haben. Flecks Dichtung gehört der Märchenwelt an, die Wolframs dem höfischen Artussagenkreise. Fleck stellt die Liebe im leichten Märchengewande dar und geht bloss erzählend, nie begründend vor; Wolfram im Gegenteil sucht dem Problem, das ihn fesselt, auf den Grund zu gehen, und greift deshalb zu den höfischen Gestalten, die in den Kreis der Gesellschaft seiner Zeit passen. Fleck braucht nicht nach der Wahrscheinlichkeit zu fragen, Wolfram dagegen will die bei den Kindern früh erwachende Liebe in der Natur selbst begründen und schildert deshalb nicht fünfjährige Kinder, die ein Gott durch ein Wunder vor ihren Jahren in die Geheimnisse der Minne einweiht, sondern ältere Kinder, bei denen das erste Erwachen der Liebe nicht unnatürlich ist: Sigune befindet sich in dem Übergangsstadium vom Kinde zur Jungfrau, wie der Dichter es andeutet (36), und Schionatulander hat schon seine Pagenzeit hinter sich und wird Gahmuret als Knappe auf seine Fahrt mitgegeben (75). Mit den ersten Regungen der peinigenden Macht der Minne fahren die Kinder auf, wie aus einem Traume, und die unbewusst glückselige Kinderzeit liegt plötzlich hinter ihnen. Schionatulander verliert jede Lust am muntern Kampfspiel und meidet seine Gefährten (86), wie Schillers Jüngling in der Glocke der Brüder wilden Reihen flieht, und Sigune ruft schmerzhaft aus:

> *War kom min spilende fröude? od wie ist sus gescheiden*
> *ûz minem herzen hôher muot?* (120, 1 f.)

Umsonst versuchen die von einander getrennten Kinder ihre Sehnsucht auf die Länge zu verbergen. An dem einsam wandelnden Schionatulander nimmt Gahmuret seinen Kummer wahr; denn seine Augen haben ihren Glanz verloren und seine Farbe ist erblasst (88 f.), und ebenso bemerkt die mütterlich besorgte Herzeloyde an Sigune ihre rotgeweinten Augen und ihr trübes Aus-

Sigune und Schionatulander. 63

sehen (108, 2 ff.). Nach kurzem, ängstlichem Bedenken, wie Herzeloyde ihr Geheimnis aufnehmen werde, fasst sich das Mädchen ein Herz und gesteht alles: die Sehnsucht nach dem Geliebten, der nicht zurückkehren will, treibt sie allabendlich ans Fenster, wo ihre weinenden Augen über die Heide hinwegspähen, auf die Strasse und über die Auen. Vom Fenster treibt es sie auf die Zinne, wo sie bald nach Osten, bald nach Westen blickt; trostlos nimmt sie endlich ihre Zuflucht zum Wasser und rudert weit hinaus, ob nicht etwa vom Meer herüber eine Botschaft von dem Geliebten komme. Selbst der Schlaf bringt ihr keine Erleichterung; denn wenn der Freund ihr im Traume naht, erweckt sie der süsse Schrecken, den ihr seine Gegenwart verursacht, und sie muss wieder empfinden, dass sie allein ist, und ihr altes Trauern erneuern (114 ff.).

Owê des, si sint noch ze tump ze solher angest, 48. 1.

ruft Wolfram aus; denn schmerzlich empfindet er für die Kinder das erste Wirken der Minne, die sie für immer der Kinderwelt entreisst und ihnen für ihr ungetrübtes Glück nur eine qualvolle Lust bieten kann. Die Innigkeit und Wahrheit dieser Schilderung erwachender Leidenschaft wirkt um so mehr, als sie sich von dem äusserlichen Wesen konventionellen Minnedienstes abhebt. Sigune und Schionatulander werden als Kinder vorgeführt, deren Erziehung schon Einsicht und Erfahrung in Liebesdingen mit sich gebracht hat. Sigune war einst mit fünf Jahren schon darauf bedacht, bei ihrem Abschied von Brubarz ihren Puppenkasten reich angefüllt mitzunehmen, damit sie dereinst mit ihren Schätzen den Rittern lohnen könne, die um ihre Gunst werben (30), und Schionatulander wurde früh weise durch manche süsse Botschaft, die Amphlise, bei der er als Page diente, heimlich dem Gahmuret entsandte (54); aber wie schwinden diese hübschen Spielereien dahin vor dem Ernst der gestrengen Minne, welche die Kinder ganz überwältigt und an sich selbst irre macht! Zuerst allerdings bewegen sie sich noch in den gewohnten höfischen Schranken: Schionatulander bringt seine Liebeswerbung in artig verblümter Weise vor (57 ff.), wie ihm dies wohl durch Gahmurets Minnebriefe an Amphlise geläufig war (55), und Sigune, von der Wolfram am Anfang sagt: *si begunde stolzen lôsen* (36,4), treibt mit ihrem

Liebhaber zunächst ihr kokettes Spiel¹), stellt sich, als ob sie nicht wüsste, was Minne sei, ob ein Er oder eine Sie, und verrät doch halb naiv, halb verschämt ihre Liebe (63 ff.), lässt dann aber ihre Koketterie wieder die Oberhand gewinnen, und will nichts von Schionatulanders Minne wissen, ehe er sie unter Schildes Dach verdient haben werde, bis dann der bevorstehende Abschied des Geliebten ihre *wipliche güete* (36, 4) siegen lässt, und sie ihm die Inbrunst ihrer Liebe gesteht. Die Koketterie Sigunens führt Wolfram in dem zweiten Bruchstück, der Waldszene, weiter aus, als sie Schionatulander ihre Liebe nur unter der Bedingung zu gewähren verspricht, dass er ihr das Brackenseil wiederbringe, worauf der Knabe, der angelnd im Wasser gestanden, mit blossen Beinen durch das Gestrüpp dem Hunde nacheilt und sich an den Sträuchern blutig kratzt (154 ff.)²). Diese Koketterie Sigunens ist von Wolfram gewiss beabsichtigt gewesen, um den tragischen Ausgang des Gedichtes herbeizuführen: die sympathisch geschilderte Sigune treibt ihr kokettes Spiel zu weit, bis der ihr in Treue ergebene Schionatulander, der seinen Sinn darauf gesetzt hat, ihre Minne zu erwerben, sein Leben aufs Spiel setzt und in den Tod geht, wie dies eine Stelle im Parzival (141, 11 ff.) andeutet.

Albrecht von Scharfenbèrg hat seine Fortsetzung des Titurel nicht in dem Sinne Wolframs gedichtet. Mit wenig Zügen hat er die durchaus edel konzipierten Gestalten Sigunens und Schionatulanders verzerrt, und die reine Minne ist bei ihm zu einer lüsternen und sinnlichen geworden (1234 ff.). Kein Dichter hat Wolfram in seiner edlen und wahren Darstellung der zum ersten

---

¹) Ich kann hier mit Becker (a. a. O. S. 44) nicht übereinstimmen, der meint, Wolfram habe in Sigune ein naives Mädchen schildern wollen. Dieses Sich-naiv-gebärden kommt auch in Mai und Beaflor (ed. Pfeiffer S. 64, 15 ff.) vor, wo Beaflor an Mai ähnliche Fragen über die Minne stellt, wie Sigune an Schionatulander, und in Rudolfs von Ems Wilhelm von Orlens (s. Zeidler a. a. O. S. 34). Für diese Szenen alle ist jedenfalls die bekannte Stelle in der Eneide Vorbild gewesen, wo jedoch die Naivetät der Lavinia echt ist. Anders ist es aufzufassen, wenn solche Naivetäten im Monolog erscheinen, wie in dem der Blanscheflur in Gottfrieds Tristan; dort sind sie nur technische Hilfsmittel des Dichters, um die keimenden, schwankenden Gefühle seiner Personen zu exponieren.

²) Vgl. eine ähnliche Episode in Aucassin und Nicolette, ed. Suchier, 4. Auflage, 24, 1 ff.

Mal keimenden Liebe erreicht. Zu seiner Kategorie von liebenden Kindern gehören zunächst Mai und Beaflor¹), Engelhard und Engeltrut²), und die mit diesen starke Ähnlichkeit zeigenden Wilhelm und Amelie in dem noch nicht edierten Gedichte Wilhelm von Orlens des Rudolf von Ems³).

Engelhard und Engeltrut. Konrads Dichtung gewährt für das Alter der Liebenden keinen genauen Anhaltspunkt; eigentliche Kinder sind es nicht mehr, aber da der Anfang der Liebesepisode noch in die Zeit vor Engelhards Ritterschlag fällt, sei sie hier kurz erwähnt.

Am Hofe ihres Vaters erblickt die Königstochter Engeltrut die beiden Freunde Engelhard und Dietrich, die sich so ähnlich sehen, dass niemand sie unterscheiden kann. Das Herz des Mädchens entflammt sich für beide, und lange weiss sie nicht, welchen in ihrem Herzen erwählen, bis der Name Engelhard den Ausschlag gibt:

> *ir zweier namen underbint*
> *geschuof an ir daz wunder*
> *daz Engelhart besunder*
> *in ir herze wart geleit*
> *und Dieterich dar ûz gejeit.* 1240 ff.

---

¹) Ed. Pfeiffer, S. 56, 27 ff. Die Liebesgeschichte dieser Beiden ist kurz zusammengefasst und bildet nicht den Mittelpunkt der Erzählung, weshalb ich hier nicht des nähern darauf eingehe, da sie überdies auch aller Originalität entbehrt. Dass wir es mit Kindern zu tun haben, bezeugt für Mai der Umstand, dass er noch Knappe ist und erst unmittelbar vor seiner Vermählung zum Ritter geschlagen wird (81, 7 ff.); auch wird er *der werde schoene sunder bart* (56, 31) genannt; dass Beaflor in dem Übergangsstadium vom Kinde zur Jungfrau ist, bezeugen die an sie gerichteten Worte *du bist ein kint .... wan dir nû êrste sint entsprungen diniu brüstelin* (61, 11 ff.), eine Stelle, die an Tit. 36 erinnert, wo von Sigunens Alter die Rede ist. Das schon oben erwähnte Sichnaiv-gebärden Beaflors ist sehr gezwungen und unnatürlich, besonders da es weder mit dem Vorangegangenen noch mit dem Folgenden im Einklange steht; Beaflor musste schon durch das frevelhafte Verhältnis ihres Vaters zu ihr erfahren haben, was Minne sei.

²) Engelhard von Konrad von Würzburg, ed. Haupt-Joseph, Leipzig 1890. Über die Quelle siehe Haupts Einleitung VIII ff.

³) Ich verweise hier wiederum auf Zeidler a. a. O. 26 ff. Die Verwandtschaft der Liebenden Wilhelm und Amelie mit Konrads Gestalten liegt auf der Hand, nur müssen erstere noch bedeutend jünger sein als diese: Amelie ist erst sieben Jahre alt, als der dreizehnjährige Wilhelm an ihres Vaters Hof kommt.

Die immer grösser werdende Liebesnot weiss Engeltrut unter der Trauer um ihrer Mutter Tod zu verbergen. Der bekümmerte Vater gibt ihr Engelhard zum Kämmerer, damit er ihr mit Saitenspiel, Gesang und Tanz die Zeit vertreibe (1715 ff.). Bald entflammt sich auch Engelhards Herz, und als Engeltrut sich eines Tages unvorsichtige Worte entfahren lässt, die ihre Gesinnung verraten, beginnt Engelhard auf hohe Minne zu sinnen. Als er einmal vor seiner Herrin das Fleisch schneiden soll, und dabei an seine Liebe denkt, entfällt ihm das Messer[1]) und er wird totenblass; dies entgeht Engeltrut nicht, die Engelhard bald darauf über diesen Vorfall zur Rede stellt und dem verschämten Jüngling ein Liebesgeständnis entlockt. Engeltrut, im Herzen froh darüber, stellt sich stolz und verweist ihrem Kämmerer, dass er an sie zu denken wage. Sie verstellt ihre wahren Gefühle so lange, bis der unglückliche Engelhard sich so weit in Liebesleid verzehrt hat, dass die Leute schon sein herannahendes Ende betrauern. Da schleicht sich Engeltrut an sein Lager und gesteht ihm ihre Liebe, heisst ihn Mut fassen und verspricht, ihm ihre Liebe zu gewähren, sobald er sich im Turnier ausgezeichnet und den Ritterschlag empfangen haben werde. Der Kranke wird sofort gesund, und nach dem Ritterschlag und Turnier treffen sich die Liebenden heimlich im Baumgarten, wo Engeltrut Engelhard ihre Minne gewährt.

Konrads Dichtung zeigt mit der Wolframs insofern Ähnlichkeit, als hier zum teil die gleichen Motive wiederkehren, wie im Titurel. Engelhard sinnt wie Schionatulander auf hohe Minne, die zwar den jungen Leuten sehr empfohlen wird, aber schwer zu erlangen

---

[1]) Im russischen Märchen „von dem berühmten und tapfern Helden Bowa Corolewitsch" lässt umgekehrt Druschnewna, den aufwartenden Bowa betrachtend, das Messer (J. N. Vogl, die ältesten Volksmärchen der Russen S. 157), nach Andern die Gabel (A. Dietrich, Russische Volksmärchen S. 80) fallen. Es ist das eine Variante des verbreiteten Motivs vom „in die Hand statt in die Speisen schneiden" (s. R. Köhler, Kleinere Schriften I, 579). Dasselbe erscheint auch in des Philippe de Beaumanoir Jehan et Blonde 455 ff. (ed. Suchier, Société des anciens textes français XI), nicht aber in Rudolfs von Ems Wilhelm von Orlens (s. Zeidler a. a. O. S. 31), das freilich nicht mit Zeidler als daraus direkt abgeleitet, sondern als damit auf gemeinsame Quelle zurückgehend anzusehen ist (s. Freymond, Vollmöllers Roman. Jahrber. III, 191).

ist; ruft doch Gahmuret, als er Schionatulanders Geständnis angehört hat:

*Ey kranker knabe, waz waldes ê muoz verswinden
ûz dîner hant mit tjoste, solt du der ducissen minne bevinden!*
102, 1 f.

Beide Mädchen stellen sich spröde und versuchen zuerst ihre Liebe zu verbergen und mit kokettem Spiel die Aufrichtigkeit der Minne ihrer Bewerber zu erproben[1]), bis das weiche Herz doch schliesslich nachgeben muss: Sigune gesteht ihrem Freunde beim Abschied, sie sei ihm hold, und alle Wasser müssten in Brand geraten, ehe ihre Liebe untergehe (77); Engeltrut nähert sich dem Krankenlager Engelhards und verspricht ihre Liebe, um ihn vom Tode zu erretten. Dennoch beharren beide standhaft darauf, ihre Liebe erst dann zu gewähren, wenn die Liebenden sich durch Tapferkeit ihrer würdig machen. Die Kinder bleiben innerhalb der Schranken, die Geburt und Erziehung ihnen gesetzt haben, und nach echt höfischer Manier muss dem hohen Minnelohn ein langer und unermüdlicher Minnedienst vorangehen.

Rennewart und Alyze. Aus der fröhlichen Kinderzeit entstammt Rennewarts Liebe zur Königstochter Alyze, mit der er am kerlingischen Hof erzogen worden ist. Nachdem er sich geweigert hat, die Taufe zu empfangen, und deswegen vom Hofe verstossen worden ist, bleibt das zarte Königskind ihm dennoch treu (Willehalm 284, 8 ff.). Sie bittet für ihn so lange beim König, bis er gestattet, dass Rennewart Willehalm als Knappe in den Kampf mitgegeben werde (191, 25 ff.), und zum Abschied küsst sie ihn auf den Mund (287, 13 f.). Diesem Kusse schreibt Rennewart das vorzeitige Spriessen seiner Barthaare zu (287, 11 ff.), und ist daher untröstlich, als der mutwillige Koch sie ihm im Schlafe versengt. Laut klagt er über ihren Verlust und ergeht sich in rührenden Selbstgesprächen über Alyzens Treue und ihre Sehnsucht nach ihm zur Zeit seiner Erniedrigung, da andere nur Spott und Stösse für ihn übrig hatten (287, 20 ff.).[2])

---

[1]) An Signe und Engeltrut erinnert in Bezug auf dieses spröde Wesen auch Obie, Parz. 345, 21 ff.

[2]) Dieses hübsche Aperçu, dass Rennewart dem Kusse Alyzens seine ersten Barthaare zuschreibt, ist ein echt Wolfram'scher Zug, den die franz. Chanson nicht kennt. Vgl. Guessard, Aliscans 3861 ff. 4364 ff.

Alexander und Fillis[1]). Umgekehrt wie bei Rennewart und Alyze liegt die Sache in dem schon bei der Besprechung Alexanders erwähnten, humoristischen Abenteuer Aristoteles und Fillis (v. d. Hagen, Gesamtabenteuer I, II), indem hier das Mädchen, dort der Knabe unhöfisch ist. Der auf der Schulbank sitzende Alexander fängt Feuer, hält mit Fillis, dem reizenden Kammermädchen seiner Mutter, Stelldichein im Garten, und was das Schlimmste ist, die strenge Minne beraubt ihn dermassen seiner Sinne, dass der weise Lehrplan des grössten aller Meister, Aristoteles, zu Schanden wird. Umsonst sind des Meisters Drohungen und Schläge; endlich verklagt Aristoteles die Kinder beim König, worauf sie getrennt und gehütet werden, und der süsse Umgang ein Ende nehmen muss.

Meleranz und Tytomie. Ganz in höfischer Manier gehalten sind wiederum die in der Einleitung zu diesem Kapitel schon erwähnten Romane Meleranz und Partonopier, welche die Liebe eines Knaben zu einem ältern Mädchen behandeln.

Des Pleiers Gedicht[2]) macht den Eindruck eines wenig empfundenen und kalten Romanes; der Dichter setzt eine fast übernatürliche Maschinerie ins Werk, und schon die Begegnung der Liebenden hat etwas Gezwungenes. Meleranz erblickt auf seiner Fahrt nach Artus' Hof eine Linde, deren wohltuender Schatten ihn anlockt. Unter derselben nimmt er Frauenkleider wahr, ahnt Frauennähe und will sich züchtiglich entfernen; da ruft ihm Tytomie aus einem von Umhängen versteckten Bade hervor, und ein Gespräch entspinnt sich zwischen den Beiden. Tytomie ist von dem Fremden nicht überrascht worden: ihre zauberkundige Meisterin hat sie nämlich von der Fahrt des Königssohnes in Kenntnis gesetzt, und ihre Verlassenheit im Walde ist eine berechnete; denn sie hat Meleranz, von dem ihre Phantasie schon entflammt ist, kennen lernen wollen. Nun bewirtet und beherbergt sie ihn und lässt ihm am folgenden Tage das Geleite geben (419 ff.). Inzwischen bemächtigt sich die Liebe ihrer Herzen (1201 ff.); aber es kommt zu keinem Geständnis. Die Liebenden halten sich höfisch schmeichelhafte Reden, während die Minne sie innerlich fast verzehrt (1540 ff.). Dieses Verhalten erinnert an Sigune und

---

[1]) Über die Quellen vgl. Seite 13, Anm. 1.
[2]) Meleranz von dem Pleier, ed. Bartsch, Bibl. des litt. Ver. LX.

Schionatulander; aber bei ihnen kommen die Gefühle doch zum Durchbruch, während Meleranz und Tytomie sie hartnäckig in sich verschliessen. Letztere allerdings teilt ihr Liebesgeheimnis der Meisterin mit, sagt ihr aber, dass niemand anderes davon wissen dürfe (1899 f.); Meleranz dagegen erklärt Gawan, der ihm seinen Kummer ansieht und ihn darüber zur Rede stellt, nur, er sehne sich nach Ritterschaft (2598 ff.).

Die tändelnde, aber doch ganz liebliche Koketterie Sigunens sticht wohltuend von dem berechnenden Wesen der Tytomie ab, deren Verhalten dem unerfahrenen Meleranz gegenüber die Grenzen der Sinnlichkeit streift. Alles ist darauf angelegt, in dem ahnungslosen Knaben Gedanken der Minne zu wecken. Aufs Bezaubern berechnet ist schon die Garderobe der Tytomie, die Meleranz unter der Linde findet (642 ff.), wo er unter anderm einen prächtigen Gürtel mit der Inschrift: "*minne ist süeziu arbeit*" (694)[1] erblickt. Das fürstliche Lager der Tytomie ist von einem Vorhang umgeben, auf dem abgebildet ist, wie Paris und Helena einander minneten (584 ff.). Die Kokette spricht zuerst aus ihrem Versteck zu Meleranz, lässt sich dann von ihm ihre Kleider reichen, weil sein Herannahen ihre Jungfrauen vertrieben habe, und auf ihrem Lager lässt sie sich von ihm die Mücken abwehren und gibt vor, zu schlafen, damit der Jüngling Musse habe, sie zu bewundern.

Nachdem Meleranz Tytomie seine Zucht an den Tag gelegt hat, erklärt sie ihm, sie habe ihn prüfen wollen, preist seine Tugend und sagt ihm, dass die Frau demjenigen gewogen sei, der sie ehre (1068 ff.). Die Liebenden bleiben sich während einer zehnjährigen Trennung im Herzen treu, und wie der Dichter hervorhebt, beruht ihre gegenseitige Zuneigung auf dem herzlichen Vertrauen, das das eine zu der Tugend des andern hat (1476 ff.).

Partonopier und Meliur. Eine Stellung für sich nimmt die märchenhafte Geschichte des Partonopier[2] ein, die eine Variation des Amor- und Psyche-Motivs darstellt.

---

[1] Nach Pfeiffer (Freie Forschung, Wien 1867, S. 82) ist diese Stelle Nachahmung des daselbst von ihm abgedruckten Fragments.

[2] Partonopier und Meliur von Konrad von Würzburg, ed. Bartsch, Wien 1871. Das Gedicht stimmt mit dem französischen Partonopeus überein, zeigt aber bedeutende Erweiterungen; siehe Massmann, Partonopeus und Melior, Berlin 1847, S. 132 ff.

II. Die Liebe im Kindesalter.

Partonopier, der dreizehnjährige Neffe des Königs Clogiers von Kärlingen (517 ff.), verirrt sich auf der Jagd und kommt zum Meere, wo ein Schiff ihn an einen fremden Strand führt. Er tritt in ein wunderbares Schloss ein. Unsichtbare Hände bedienen ihn, und Kerzen, von unsichtbarer Hand getragen, geleiten ihn zum Schlafgemache. In nächtlichem Dunkel beschleichen ihn unheimliche Gefühle, besonders als sich jemand seinem Lager nähert, und er glaubt, den Teufel in Weibsgestalt vor sich zu haben. Erst als die Jungfrau in ihrer Angst Maria anruft, beruhigt er sich. Es ist die Fee Meliur, die hereingetreten ist und sich nach einigem verstellten Sträuben dem lüsternen Partonopier ergibt. Von dem Augenblicke an fesselt eine zauberhafte Liebe Jüngling und Jungfrau, und Meliur gesteht ihrem Freunde ein, dass sie schon lange von ihm wisse und ihn durch ihre Zauberkünste zu sich gebracht habe. Sie verspricht, ihn in drei Jahren, wenn er zum Ritterschlag fähig sei, zum Gemahl zu erwählen; bis dahin wolle sie nächtlichen Umgang mit ihm pflegen, unter der Bedingung, dass er sie nicht sehe. Die *staete* Partonopiers wird sehr auf die Probe gestellt. In die Heimat zurückgekehrt, überwindet er, trotz des Zaubertrankes seiner Mutter, die Liebe, die ihn vorübergehend an eine andere fesselt; aber als die Mutter und der Bischof von Paris ihm die Hölle heiss machen wegen seines Umganges mit dem Teufel, bricht er das Meliur gegebene Versprechen und besieht sie mit einer Zauberlampe. Nun ist der Zauber gebrochen. Die Liebenden werden entdeckt, und Partonopier fällt bei der entehrten Meliur in Ungnade. Sein Unglück ist so gross, dass er langsam dahinsiecht; aber auch die trotzige Meliur verzehrt sich in Sehnsucht nach dem verbannten Geliebten. Da führt ihre Schwester Irekel eine glückliche Wendung des Schicksals herbei, und Partonopier gewinnt Meliur als Preis in einem Turnier, so dass die treue Liebe der Beiden schliesslich ihren Lohn findet.

Dieser Roman ist charakteristisch für die sittlichen Anschauungen der aristokratischen Gesellschaft des Mittelalters. Die als tugendhaft gepriesene Meliur schreckt vor dem nächtlichen Umgang nicht zurück. Sie freut sich des Verhältnisses, und Scham erfüllt sie erst, als es entdeckt wird. Sie, die Partonopier verführte, schilt ihn nun, dass er sie entehrt habe (8186 ff.). Charakteristisch ist ebenfalls das Urteil der Jungfrauen Meliurs über ihre

Herrin. Zuerst wird sie hart hergenommen, weil sie ihre Liebe einem Knechte statt einem Ritter gegeben habe; aber als man den schönen Jüngling erblickt, wird zugegeben, dass es natürlich sei, einen solchen sich zum Freunde zu nehmen, und alle Bedenken sind dahin (8424 ff.). Auch Partonopier wird ganz in Schutz genommen, und zwar ist es die schöne Irekel, die es übernimmt, für ihn bei der erzürnten Meliur zu plädieren. Sie hält ihr vor, dass Adam, Sampson, ja sogar David und Salomon durch die Weiber von der Tugend abgekommen seien; wie sollte denn ein Knabe tadellos bleiben (8845 ff.)?

Ausser in dem Partonopier, dem jüngern Titurel und den in der Einleitung erwähnten Abenteuern tritt das sinnliche Element in den Dichtungen, die das Motiv der Liebe bei Kindern behandeln, ganz zurück. Diese zeichnen sich vielmehr im Allgemeinen durch ihre ideale Anlage aus, und es zeugt für den tiefen Blick, den die Dichter des Mittelalters in die Kindesnatur getan haben, dass sie die Liebe, sobald sie dieselbe in ihrer schönsten und reinsten Entfaltung zeigen wollen, gerne in die Kinderseele verlegen. Ideal gestaltet sich die Liebe im Kinde schon deshalb, weil es die erste ist, und noch keine Enttäuschung oder Verbitterung früherer Erfahrungen das Gemüt getrübt hat. Zweifel und Wankelmut, welche die starke Minne erlahmen machen (Tit. 51, 4), finden in die gläubige Kindesseele keinen Eingang, und deshalb sagt Wolfram auch mit Recht von der Jugendliebe:

swâ diu minne in der jugent begriffen wirt, diu wert aller langest.
Tit. 48, 2.

Diese Wahrheit hat Wolfram offenbar an Sigune und Schionatulander veranschaulichen wollen; denn aus dem Parzival erfahren wir, dass, nachdem Schionatulander in Sigunens Dienst gestorben ist, diese ihr junges Leben als Klausnerin über dem Sarge des Geliebten vertrauert, und selbst der Tod ihrer Liebe und Treue keine Grenzen setzen kann: vor Gott ist Schionatulander ihr Mann, und dafür soll der Ring zeugen, den sie als Zeichen ihres Ehegelübdes stets am Finger trägt (435, 13 ff.).

Durch einen leichtern, humoristischen Ton zeichnen sich die Dichtungen aus, welche die Liebe eines Kindes zu einem Erwachsenen behandeln. Hier handelt es sich nicht um eine gegenseitige

Zuneigung; nur das Kind liebt, wenn überhaupt von Liebe die Rede sein soll; denn es ist vielmehr eine kindliche Schwärmerei, die weder so tief geht noch so ernst aufgefasst wird wie die gegenseitige Liebe zweier Kinder, die sich durchs Leben treu bleiben. Die reiche jugendliche Phantasie spielt dabei die Hauptrolle und reisst das leicht entflammte Herz zu kühnen Träumen hin.

Lichtenstein. Die Geschichte des Ulrich von Lichtenstein und seiner Liebe zu der Dame, deren Page er als Kind gewesen, ist von besonderm Interesse, weil er sie selbst schreibt und seine eigenen Gefühle und Abenteuer schildert. Dass die Kritiker[1]) vieles bei Ulrich als dichterische Ausschmückung erkannt haben und die Dichtung von der Wahrheit sogar scheiden zu können glauben, fällt für unsere Betrachtung nicht schwer ins Gewicht; kommt es doch für uns lediglich auf den poetischen Gesamteindruck an, den der junge Lichtenstein auf uns macht. Wir haben seine Geschichte als Roman, nicht als Autobiographie zu betrachten.

Frauenliebe und Frauendienst, diese Begriffe machen schon früh einen so tiefen Eindruck auf Ulrich, dass er gelobt, Leib, Gut, Mut und Leben den Frauen zu weihen (3, 21 ff.), und von phantastischen Idealen erfüllt, hält er als zwölfjähriger Knabe Einzug in die Welt. Vor allen andern Frauen ist es seine Herrin, die ihn begeistert, und nach einem kurzen Zaudern vor der allzu hohen Minne, das Ulrich in einem Dialog zwischen seinem Herzen und seinem jugendlichen Ich sehr hübsch zur Anschauung bringt, beschliesst er, dieselbe auf immer und ewig zu lieben (5, 13 ff.). Er dient ihr in kindlicher Weise, bringt ihr Blumensträusse und freut sich, wenn ihre Hand sie in Empfang nimmt, dass er sie vor ihr in den Händen gehabt hat (7, 5 ff.); im Verborgenen trinkt er das Wasser, womit sie ihre Hände genetzt hat (7, 13 ff.). Früh und spät ist er einzig darauf bedacht, ihr zu dienen und allen andern Knappen bei der geliebten Frau zuvorzukommen; denn nur seine Aufopferung, das fühlt er wohl, kann bewirken, dass er dereinst den Sieg davon trage. Nach Vollendung der Pagenzeit und Abschied von seiner Dame spürt er erst recht

---

[1]) Siehe Becker, Wahrheit und Dichtung in Ulrich von Lichtensteins Frauendienst 31 ff.

der Minne Kraft. Nie kommt ihm die Geliebte aus dem Sinne, und der Gedanke an sie begeistert ihn zu jeder Tat (7, 29 ff.). Hoch steigt ihm Mut und Hoffnung, als er bei seinem Ritterschlag vernimmt, dass seine Dame ihre Freude an ihm bezeugt hat; bald geht er so weit, Lieder und Briefe an sie zu richten, und ihr stolzes, gleichgültiges Verhalten kann dem jungen Toren seine Hoffnungen nicht zerstören. Je verzweifelter seine Lage, je hartnäckiger liebt er und bleibt seines schliesslichen Gelingens gewiss in dem stolzen Bewusstsein, dass er seit seiner Kindheit sie und keine andere geliebt hat, weshalb er ein doppeltes Anrecht auf sie zu haben glaubt (11, 29 ff.). Auf köstliche Weise spiegelt der Dichter die unbewussten Widersprüche seines schwärmerischen Gemütes wider. Während er das Kühnste hofft, ja sogar in Liedern der Dame kund tut, was sein Herz begehrt, ist er eben doch nur in seiner Phantasie der Mann, der er zu sein glaubt; denn als er vor der Herrin steht, spielt er wohl oder übel nur die Rolle des törichten Knaben, den die blosse Gegenwart der Geliebten der Sinne so beraubt, dass er kein Wort sprechen kann und sich die Neckerei seiner Herrin und aller Umstehenden gefallen lassen muss (36, 17 ff.). Dennoch kann ihn keine Demütigung mutlos machen; er scheut auch das Absurdeste nicht, seiner Herrin zu gefallen, und lässt sich sogar seine Lippe operieren, weil die Geliebte geäussert hat, sie stünde ihm nicht wohl (23, 32 ff.). So artet jener ideale Zug, der unerschütterliche Glaube an die Verwirklichung des ersten Jugendtraumes, bei Ulrich ins Groteske aus.

Obilot. Ebenfalls humoristisch, aber ohne ins Absurde zu verfallen, schildert Wolfram die Liebe Obilots zum Ritter Gawan (Parz. 351, 23 ff.). Sie ist noch ganz Kind, was vor allem die Worte Gawans bezeugen, dass sie noch fünf Jahre warten müsse, ehe sie Minne gewähren könne (370, 15 ff.), was aber auch aus dem ganzen Wesen der Kleinen hervorgeht.

Obilot und ihre ältere Schwester Obie erblicken vom Burgfenster den schönen Gawan, der sich unter einer Linde auf dem Burgberg gelagert hat. Ein Streit erhebt sich zwischen den beiden Schwestern, indem die launische Obie den fremden Gawan für einen Kaufmann erklärt, was Obilot, welcher der schöne Ritter imponiert, sehr zu Herzen geht. Sie reizt nun ihre Schwester durch einen geringschätzigen Vergleich des Fremdlings mit ihrem

Geliebten Meljanz, der ihr sprödes Wesen übel genommen hat und nun die Burg ihres Vaters belagert. Obilot will Gawan zu ihrem Ritter haben und ihm ihre Liebe gewähren: sie macht sich auf den Weg zu ihm und spricht ihn um seinen Dienst für sie und ihren bedrängten Vater an. In altkluger Rede identifiziert sie den Ritter mit sich selbst, um sich gewissermassen zu entschuldigen; denn sie ist sich ihrer Kühnheit wohl bewusst. Gawan, von Obilots lieblichem Wesen entzückt, setzt sich neben sie, hält ihre Händchen in der seinen und verspricht, für sie zu kämpfen (368, 23 ff.). Fröhlich macht sich Obilot mit ihrer Gespielin Clauditte wieder auf den Heimweg; aber nun muss sie sich den Kopf darüber zerbrechen, was sie dem Ritter als Lohn geben könne; denn die Puppen sind ihre einzigen Schätze[1]). Ihrer Not helfen die Eltern ab: von ihrem neuen Kleide schickt sie Gawan einen Ärmel, den er auf seinen Schild schlägt (372, 15 ff.) und nach siegreichem Kampfe seiner kleinen Herrin, vom Speer durchlöchert, zurücksendet. Aber auch den im Kampfe besiegten Meljanz schickt Gawan der Obilot, indem er an der Kleinen Ausspruch festhält, dass er und sie eine und dieselbe Person seien, und sie deshalb über die Gefangenen zu verfügen habe. Die triumphierende Obilot verlangt nun von Meljanz, dass er Obien wieder gut sei, und nachdem sich alle Streitigkeiten in Wohlgefallen aufgelöst haben, scheidet Gawan aus der Burg; aber Obilot kann sich darein nicht finden: sie will mit ihrem Ritter ziehen, und die Mutter muss das weinende Kind endlich gewaltsam den Armen Gawans entreissen (390, 20 ff.). Wolframs Obilot gehört zu den reizendsten Kindergestalten der mittelhochdeutschen Dichtung. Während der galante Gawan ihre Liebe als Kinderspiel auffasst, sich sehr hübsch in seine Rolle findet, indem er sich herablässt, ihr Ritter zu sein, und ihr endlich auch die Freude macht, zwischen den feindlichen Parteien Frieden stiften zu dürfen, fasst Obilot, als echtes Kind, die Sache ganz ernsthaft auf. Sie hat Gawan nun einmal zu ihrem Ritter erwählt; er ist der erste Mann, der sie interessiert, und sie beteuert ihm auch, dass er der erste sei, mit dem sie zu sprechen gewagt habe (369, 3 ff.). So kindlich ihr Liebesgeständnis ist, so altklug und erfahren weiss sie

---

[1]) Vgl. den ähnlichen oben S. 63 erwähnten Zug in Tit. 30.

dann doch wieder ihre Entschuldigungen dafür zu machen, dass sie sich in sein Zelt gewagt hat. Sie versteht auch die Rolle der Geliebten des Ritters vortrefflich zu spielen, kann sich aber dann um so weniger darein finden, Gawan wieder ziehen zu lassen. Den ersten Anstoss zu Obilots Liebe geben die Verleumdungen Obiens (352, 15 ff., 358, 1 ff.). Der Ritter gefällt ihr um so besser, je mehr die Schwester an ihm auszusetzen hat, und als der Streit heftiger wird, freut sie sich, für ihren Ritter etwas leiden zu dürfen, ein romantisches Empfinden, das an Lichtenstein erinnert, sich aber in viel vernünftigeren Grenzen als bei ihm hält.

In der Krone des Heinrich von dem Türlin [1]), wo Obilot Quebeleplus und Obie Flursensephin heisst, wird der Streit der Schwestern ganz in den Vordergrund gerückt und artet sehr ins Grobe aus.

Quebeleplus und Flursensephin beschimpfen sich, und erstere sinkt schliesslich, durch eine Ohrfeige ihrer Schwester blutig geschlagen, zu Boden. Bei ihr ist es denn auch hauptsächlich ein Rachegefühl, das sie antreibt, zu Gawan zu gehen, und sie gibt ihm sogar speziell den Geliebten ihrer Schwester an, auf den sich sein Augenmerk im Kampfe richten soll. Als Gawan siegt, ist ihre Schadenfreude gross, aber von einer hübschen Versöhnungsszene wie bei Wolfram weiss Heinrich nichts. Die Eifersucht der Schwestern, der Streit um den Geliebten fehlt nicht, aber gerade von diesem Hintergrund hebt sich nachher bei Wolfram Obilots Gestalt um so edler ab, als ihr Meljanz zu Füssen liegt, und das Kind als Bedingung seiner Freilassung nur verlangt, dass er ihre Schwester wieder lieb habe (396, 14 ff.).

Die Heldin im Armen Heinrich. Ein Gegenstück zu Obilot ist die Retterin des Armen Heinrich bei Hartmann von Aue [2]). Es ist viel darüber gestritten worden, ob der Dichter in dem schlichten Bauernkinde, das dem aussätzigen Manne mit Aufopferung dient, die geheime Liebe durchblicken lassen wollte,

---

[1]) Diu Crône von Heinrich von dem Türlin, ed. Scholl, Stuttgart 1852, 17678 ff. Als Quelle der Krone nimmt Martin (Untersuchungen zur Gralsage, Q. F. XLII, 27) ein französisches Kompilationswerk an.

[2]) Schönbach (Über Hartmann von Aue, Graz 1894, 410 f.) nimmt an, Hartmann habe als Quelle einen kurzen lat. Bericht, vielleicht die Notiz einer Chronik vor sich gehabt.

oder ob man ein heiliges Kind vor sich hat, ein Legendenkind, das der Welt nie angehört hat und sein Loben gerne für die himmlischen Freuden dahingibt. Schönbach (a. a. O. 452 ff.) entscheidet sich dafür, dass Hartmann sowohl bei Heinrich als bei dem Kinde die Liebe andeutet und gleichsam erraten lässt; Piquet[1]) spricht sich noch entschiedener aus und sagt von der Heldin: „il y a dans ce jeune être la pureté de la vierge, mais aussi la passion de la femme", und Ricarda Huch hat in ihrer Erzählung vom Armen Heinrich nach ihrer Phantasie die ursprüngliche Sage herzustellen versucht, die nur ein Pfaffe ihres wahren Charakters beraubt und in ein religiöses Gewand eingekleidet haben sollte[2]). Aber alle diese Ansichten überzeugen mich nicht. Ich möchte Hartmanns Gedicht keine willkürlichen Deutungen unterlegen, sondern seine einfache Erzählung nehmen, wie er sie gibt. Es scheint mir, dass, wenn man den Grundgedanken Hartmanns erfasst — die Busse und innere Versöhnung mit Gott — man nicht leicht darauf kommen wird, eine Liebesgeschichte in seiner schlichten Legende zu erkennen. Das Kind ist auch nicht so sehr eine Hauptfigur, eine Heldin, wie man gerne annimmt. Sie interessiert den Dichter erst in zweiter Linie; sein Augenmerk konzentriert sich auf Heinrich, und das Kind dient ihm nur dazu, die Umwandlung im Herzen seines Aussätzigen herbeizuführen. Deshalb tritt es auch, nachdem die Haupthandlung vorüber ist, ganz in den Hintergrund, und Hartmann deutet mit keinem Worte an, wie sich das für den Tod und den Himmel enthusiastische Kind mit seinem neuen Schicksal, als Braut und Gattin ihres Herrn, aussöhnt.

Allerdings besteht zwischen dem Kinde und dem Aussätzigen eine innige Freundschaft. Das liebliche Mädchen schrickt vor dem Kranken nicht zurück wie seine Geschwister, sondern ist stets zu seinen Füssen. Er beglückt sie mit allem, was nur Kindern Freude machen kann, und sie werden so vertraulich, dass er sie sogar sein *gemahele* nennt[3]). Nie verlässt sie Heinrich, der in

---

[1]) Piquet, Etude sur Hartmann d'Aue, Paris 1898, p. 287.

[2]) Der arme Heinrich, Erzählung von Ricarda Huch, Deutsche Rundschau, April 1898.

[3]) Das geschieht in ebenso spielender Weise, wie wenn Gawan sich den Ritter Obilots nennen lässt, und beweist nichts für Liebesempfindung der Beiden für einander.

ihren Augen ganz rein ist, und obgleich der Dichter zugibt, dass der Aussätzige die Anhänglichkeit des Kindes zum Teil den Geschenken verdankt, die er ihr macht, schreibt er ihr Betragen doch vor allem dem „süssen Geiste" zu, den Gott ihr verliehen hat (315 ff.). Dieser Geist der Aufopferung in dem Mädchen offenbart sich aber erst recht, als sie vernimmt, dass das Herzblut einer reinen Jungfrau ihren Herrn retten könne. Nachdem sie sein Unglück lange auf ihrem nächtlichen Lager beweint hat, reift in ihr der Gedanke, für ihn zu sterben (509 ff.), und mit Begeisterung teilt sie den Eltern ihren Entschluss mit: sie will ihr junges Leben um ein ewiges dahingeben (609 f.), ihre Schönheit, deren sie wohl bewusst ist, Gott opfern und in die himmlischen Freuden eingehen, ehe die Lust dieser Welt sie zu fesseln beginne (671 ff.). Ihr Sinn ist auf Christum gerichtet, der sie liebt, als wäre sie eine Königin (814 ff.). Zum Arzt, der ihr Herzblut soll fliessen lassen, spricht sie, es sei ihr ebenso wenig ängstlich zu Mute, als ob sie tanzen ginge (1150 ff.); sie weiss, in wessen Namen die grause Tat geschehen soll, und blickt getrost· auf den, der keinen Dienst unbelohnt lässt.

Diese Welt- und Todesverachtung des achtjährigen Kindes erinnert an die heiligen Kinder und Märtyrer der Legende. Es passt nicht unter die eben besprochenen Kinder, die zum Bewusstsein der Minne erwachen und ihren Genuss begehren. Vielmehr bildet die junge Heldin Hartmanns den Übergang zu den Kindern der Legende, von denen das Passional sagt:

> *so heten sumeliche ir leben*
> *kusche von kindes beine,*
> *luter unde gar reine*
> *gepfropfet uf des lebens stam.*   Pass. 5, 7 ff.

III. Das Kind in der Legende.

Das Jesuskind. Während die kanonischen Bücher sich darauf beschränken, zu erzählen, dass das Kind Jesus „wuchs und stark ward im Geist, voller Weisheit", dass es als zwölfjähriger Knabe im Tempel die Schriftgelehrten durch seinen Verstand in Staunen setzte, und dass es seinen Eltern untertan war und zunahm an Weisheit, Alter und Gnade bei Gott und den Menschen (Luk. 2, 40 ff.), enthalten die apokryphen Bücher eine weitläufige Kindheitsgeschichte des Erlösers. Die Tendenz der mittelalterlichen Litteratur, im Kinde die Züge des reifen Menschen anzudeuten, kommt wohl nirgends so klar zur Geltung wie in den Bearbeitungen der Legenden von Jesu Kindheit.

Die Ausbildung dieser Sagen wird zum Teil dem Einfluss christlicher Sekten, so der Gnostiker und Ebioniten, zugeschrieben; eine Untersuchung der dogmatischen Differenzen, welche diese Sagenzüge hervorgerufen haben sollen, ist hier, wo wir es mit der ausgebildeten Sage in der mittelhochdeutschen Litteratur zu tun haben, nicht am Platze; aber ohne sich in diese Probleme zu vertiefen, wird man auf den ersten Blick zwei für das Mittelalter charakteristische Strömungen wahrnehmen, die das ihrige zur Bildung und Fixierung der Legenden von Jesu Kindheit beigetragen haben. Erstens denke ich hier an die früh auftretende symbolisierende Tendenz, welche viel zur poetischen Ausschmückung der Legenden von Jesu Kindheit beiträgt, indem sie dem Kinde, als dem Schöpfer und Erhalter der Welt, alle Kreaturen, ja sogar die stumme Natur, huldigen und gehorchen lässt. Zweitens kommt das Verlangen nach Wundern in Betracht, welche dem wundergläubigen Mittelalter das wirksamste Mittel zur Bekehrung, aber auch die kräftigste Bestärkung im Glauben waren.

In der mittelhochdeutschen Zeit wird die apokryphe Litteratur ganz ausgebeutet, aber schon viel früher zeigen sich da und dort unbedeutende apokryphe Einflüsse. In einem Gedichte vom Leben Jesu aus dem zwölften Jahrhundert[1] wird erzählt, dass bei Christi Geburt ein Ring um die Sonne gesehen wurde und aus einem Hause Öl geflossen sei (S. 233, 19 ff.). Ebenso kennt dieses Gedicht die Episode von den Götzen Egyptens, die vor dem Jesuskinde zu Boden stürzen (S. 238, 8 ff.). Sogar Otfrid und der Helianddichter weisen Spuren apokrypher Überlieferung auf; ersterer erweitert die Geschichte von Mariae Verkündigung und schmückt sie aus[2])

---

[1]) Deutsche Gedichte des XI. und XII. Jahrhunderts, ed. Diemer, Wien 1849.
[2]) Siehe Reinsch, Die Pseudo-Evangelien von Jesu und Marias Kindheit, Halle 1879, 105 ff.

(I, 5 ff.), und letzterer bringt in der Erzählung von den Weisen aus dem Morgenlande Zusätze[1]; aber einen Gegensatz zu der später ausgebildeten Litteratur über Jesus bilden sie dennoch, indem sie von einer Offenbarung der göttlichen Gewalt im Kinde nichts wissen. Im Heliand wird sogar ausdrücklich gesagt, dass Christus seine Kraft noch nicht den Menschen zeigen wollte, sondern willig unter dem Volke dreissig Jahre wartete und seine Weisheit und Wissensfülle verbarg (840 ff.)[2]. Diese Offenbarung der göttlichen Gewalt im Kinde Jesus ist es, was der Legende einen so merkwürdigen Charakter verleiht. Sie stellt ein vollkommenes Kind dar, das zum Typus des heiligen Kindes wird, welches ohne Fehler ist; denn Christus ist nicht nur Mensch, sondern auch Gott und begeht als solcher keine Sünde. Eine ganz einheitliche Figur kann aus einem derartigen Dualismus der Kindesnatur und Gottesnatur nicht hervorgehen, und die Bearbeiter der Legende befinden sich in ihrem Bestreben, die Menschheit und Gottheit Jesu zugleich zum Ausdruck zu bringen, fortwährend (vielleicht für sie selbst unbewusst) in einem ästhetischen Konflikt, weil sie gezwungen sind, bald der einen, bald der andern Natur Konzessionen zu machen. Bei der einfachen Legende fällt dieser Konflikt wohl weniger auf; denn in dieser Gattung ist man das Unerwartete und Unvorhergesehene gewöhnt; aber er wird fühlbarer, je mehr sich die Legendenbearbeitung der Kunst nähert, je mehr neben der ethischen Wirkung eine ästhetische beabsichtigt ist.

Die Kindheit Jesu des Konrad von Fussesbrunnen[3]. Wahrhaft künstlerisch schildert Konrad das Kind Jesus, wie es schlafend in der Wiege liegt, von Engeln umgeben, die es bewachen (1196 ff.).

---

[1] Siehe Schade, Liber de Infantia Mariae et Christi Salvatoris, Halle 1869, p. 33 f.

[2] Dem widerspricht allerdings schon das oben genannte Gedicht vom Leben Jesu, wo gesagt wird, seine Gewalt habe sich offenbart, als er zwölf Jahre alt war, aber wahrscheinlich nur in Bezug auf die vorangehende Tempelszene. Die Stelle steht nur in der Görlitzer Hs. (Piper, Z. f. d. Phil. XIX, 155); in der Vorauer Hs. fehlt hier ein Blatt (Diemer a. a. O. S. 339).

[3] ed. Kochendörffer, Q. F. XLIII. Die Quelle Konrads scheint mir noch nicht genau ermittelt. Kochendörffer (a. a. O. 30 ff.) hält mit zu grosser Sicherheit den Pseudo-Mathaeus dafür; vgl. Schade, Liber de Infantia, p. 8 ff.

III. Das Kind in der Legende.

In die Macht des Räubers gelangt, lächelt es diesen so freundlich an, dass er den Blick nicht von ihm abwenden kann und sein hartes Herz erweicht wird (1680 ff.), wie denn auch der Egypter Affrodisius von der Schönheit und Lieblichkeit des Kindes, das er im Götzentempel findet, ganz hingerissen wird (2025 ff.). Noch schneller erobert das Kind das Herz der Räubersfrau, die es gleich in ihre Arme nimmt, küsst, liebkost und sorgsam pflegt (1786 ff.). Der Dichter beschreibt es hier z. B. im Bade mit Händen und Füssen spielend, bis das Wasser aufschäumt (1804 ff.), und entwirft so das Bild eines echten Kindes; aber er kann die Gottheit Jesu nie vergessen und das Kind ganz Kind sein lassen; so fügt er z. B. an der schönen Stelle, wo er erzählt, wie das Kind den Räuber anlacht, hinzu: „als ob ihm verborgen gewesen wäre, was die Absicht desselben sei" (1680 f.). Als die Drachen die fliehende Familie umgeben und sich Alle fürchten, spricht plötzlich das kaum zweijährige Kind, dass man seiner Kindheit und Schwäche wegen nicht zweifeln, sondern an seine Allmacht denken solle; denn mit Recht seien ihm alle Dinge gehorsam, worauf der Dichter sich auf das Psalmwort 148, 7 beruft und hinzufügt, dass das Kind alle Tage seiner lieben Propheten Wort erfüllte (1359 ff.). In der Wüste gebietet das Kind dem Palmbaume, sich zu neigen, und heisst seine Mutter die Früchte brechen; ebenso muss der Baum auf Jesu Befehl aus seinen Wurzeln Wasser hervorquellen lassen. Nachdem er gehorcht hat, will Jesus ihm lohnen. Der Dichter fügt scherzend hinzu, dass das Kind wie ein besonnener Mann dastand, der wohl bedenken kann, wie man einem Wirte, der einen gut beherbergt hat, lohnen soll[1]): Jesus gebietet einem Engel, einen Ast vom Palmbaume zu brechen und in sein Paradies zu verpflanzen. Hier werden die Engel nicht mehr als ungeahnt und ungesehen das Kind umgebend gedacht, sondern als dienstbare Geister, die ihrem Herrn allezeit zu Gebote stehen (1450 ff.). Deutlich tritt stets die Gottheit Christi seinem Pflegevater Joseph gegenüber hervor, schon darin, dass Joseph das kleine Kind mit Herr anredet, und das Kind mit einer gewissen Selbständigkeit dem Vater gegenüber auftritt. So antwortet Jesus, wenn Joseph sich um die Reise Sorgen macht: „Joseph, deine Sorge ist mannig-

---

[1]) Man denkt an Uhlands Gedicht „Einkehr".

faltig und. doch weisst du, dass ich Gewalt habe, den Weg zu kürzen," worauf durch ein Wunder die lange Reise an einem Tage zurückgelegt wird (1945 ff.). Der Dichter des Passionals [1]), der in diesem ersten Teile der Kindheitsgeschichte Jesu aus verschiedenen Quellen schöpft [2]), betont nicht so stark das Eingreifen der göttlichen Gewalt des Kindes, das weniger aktiv auftritt als bei Konrad (29, 6 ff.). Um so mehr scheint dieser Bearbeiter, auch später, wo er Konrad genau folgt, bestrebt, das Kind kindlich zu schildern, und jene Szenen beim Räuber (33, 34 ff.) und bei Affrodisius (38, 55 ff.) übertreffen beinahe diejenigen Konrads an Schönheit der Darstellung.

Wie in der ersten Periode seiner Kindheit, so schildert Konrad das Jesuskind auch in seiner zweiten, d. h. nach der Rückkehr aus Egypten [3]), wo er etwa sieben Jahre mit den Eltern zugebracht hat. Auch hier fällt der Kontrast zwischen dem Kinde, das als solches treu geschildert ist, und dem göttlichen Wesen Jesu auf. So spielt er munter mit andern Kindern, und der Dichter erzählt uns, dass dies ihn nie verdross (2670). Ja er scheint der Anleiter im Spiel zu sein: er heisst z. B. die Kinder Fische fangen und zeigt ihnen, wie sie das Wasser in Gruben ableiten sollen, damit die Fische hineinschwimmen (2704 ff.), oder die Kinder gehen zusammen in die Lehmgruben und er knetet mit ihnen Vögel aus dem bildsamen Lehm (2914 ff.), aber bei alledem bleibt er Gott, und eine tiefe Kluft scheidet ihn von seiner Umgebung. Am Brunnen bricht ihm beim Wasserholen der Krug und er trägt das Wasser in den Falten seines Gewandes nach Hause, ohne etwas davon zu verlieren; aber als die andern Kinder ihre Krüge mutwillig zerbrechen, können sie das Wasser nicht fassen, bis das mitleidige Jesuskind sie ihre Scherben zusammensuchen heisst und ihnen die Krüge flickt (2616 ff.). Bei dem Fischweiher offenbart sich Jesu Göttlichkeit darin, dass die Fische auf sein Gebot alle zu ihm geschwommen kommen, während die übrigen Kinder vergebens bestrebt sind, die Fische mit Brot an sich zu locken (2726 ff.). Als der Jude, der die Kinder wegen ihres Spielens am Sabbat ge-

---

[1]) Das alte Passional, ed. Hahn, Frankfurt a. M. 1845.
[2]) Siehe Schade a. a. O. p. 8 b, Reinsch a. a. O. 115 f.
[3]) Da das Passional 48, 40 ff. in dieser zweiten Periode genau mit Konrad stimmt, gehe ich nicht weiter darauf ein.

scholten hat, ihr unschuldiges Spiel zerstören will, schlägt das Kind Jesus die Hände zusammen, wodurch die Lehmvögel lebendig werden, so dass sie auf seinen Befehl davonfliegen (2924 ff.). Aber nicht nur seinen Genossen, auch den Eltern gegenüber nimmt Jesus eine eigenartige Stellung ein. Er meldet Joseph den Tod seines Freundes und erteilt ihm die Gewalt, hinzugehen und den Toten aufstehen zu heissen, was Joseph gläubig tut, worauf der Tote lebendig wird (2642 ff.). Als die Juden sich über Jesum erzürnen, weil ein Knabe, der sein Spiel am Sabbat rügte und zerstören wollte, tot niederfiel, und das Gerücht sich verbreitet, Jesus habe ihm geflucht, so dass er starb, erschrecken die Eltern über ihr Kind, und Joseph heisst Maria ihren Sohn bitten, dass er gnädig sei; zaghaft geht sie auf den unter seinen Widersachern furchtlos wandelnden Knaben zu und bewegt ihn zur Barmherzigkeit (2734 ff.). Wenn sich sogar bei den Eltern Furcht vor dem Kinde einschleicht, so ist dies in noch höherm Grade bei den Fernerstehenden der Fall; er hat durch seine Taten Erstaunen, ja Grauen und Entsetzen allgemein verbreitet. Seine unheimliche Macht empfinden auch seine Spielgenossen: denn als ein Kind beim Spiele zu Tode fällt, geben die übrigen Jesus die Schuld davon (2681 ff.). Die Furcht vor dem Kinde, das über Leben und Tod gebietet, erreicht ihren Höhepunkt, als Jesus einen ganzen Tag mit den Löwen vor der Stadt Nazareth zubringt, die Tiere ihm huldigen und ihn abends bis zum Stadttor begleiten, wo er ihnen gebietet, umzukehren und niemand ein Leides zu tun. Die einen heissen ihn einen Zauberer, die andern glauben vorahnend, seiner Vorfahren Sünde habe ihn zu einem schrecklichen Tode bestimmt, dem er früher oder später verfallen müsse (2813 ff.); endlich kommt der Schulmeister Zacharias zu Joseph und will sich des Kindes annehmen, damit es seinen Zauber abtue und statt dessen lerne Gott vor Augen haben (2945 ff.).

Ruhig und unerschrocken, ist das Kind sich seiner göttlichen Natur und Aufgabe stets bewusst. Weder die Drohungen und falschen Beschuldigungen der Gespielen, noch die Vorwürfe und Scheltworte der Leute rühren ihn. Er tritt vor das Kind, das beim Spiele zu Tode gefallen ist, und lässt den Toten mit Worten bezeugen, dass er an seinem Falle nicht schuld sei, worauf er ihm das Leben wieder schenkt (2685 ff.). Dem Judenknaben, der ihm die Entweihung des Sabbats und das böse Beispiel vorhält, das er dadurch andern Kindern gibt, antwortet er kurz, dass er sich nicht um ihn zu kümmern brauche; er solle selbst zusehen, dass er seinen Sabbat recht halte; er tue das wohl und wisse, wann er zu feiern habe (2745 ff.), und als der Knabe fortfährt, ihn zu belästigen, muss er es mit dem Tode büssen, und Jesus lässt sich nur von seiner Mutter erweichen, ihm das Leben wieder zu geben, indem er den Toten mit dem Fusse anstösst und ihn unter Ermahnungen aufstehen heisst (2795 ff.). Bis zur Ungezogenheit steigert sich das vermeintlich göttliche Betragen des Kindes seinem Lehrer gegenüber, indem er hier seine Allwissenheit geltend macht, bis Zacharias schliesslich zur Rute greift und ihn aus der Schule weist, weil er kein Kind, sondern ein Unhold sei (2965 ff.).

Konrad hat in seinem Bestreben, die göttliche Macht des Kindes hervortreten zu lassen, seine Lieblichkeit in den Hintergrund gedrängt. Von einem innigen Verhältnis zwischen Mutter und Kind, oder dem Kinde und seiner Umgebung ist nicht die Rede. Die Worte des Lukas-Evangeliums, dass das Kind seinen Eltern untertan war und an Gnade auch bei den Menschen zunahm, sind vergessen.

Das Jesuskind Konrads repräsentiert im Kleinen das göttliche Element in Christus. Wie dieser, weil in menschlicher Gestalt erschienen, verkannt wird, so auch Konrads Jesuskind, in welchem ein verhärtetes und mit Blindheit geschlagenes Geschlecht nur den Sohn des Zimmermanns erblickt. Dieser Grundzug im Charakter des Jesuskindes in Konrads Fassung der Legende kommt zu seinem vollkommensten Ausdruck in den Worten Jesu an das Volk, das ihn über seinen Umgang mit den wilden Tieren zur Rede stellt. Er sagt: Diese wilden Tiere sind viel weiser als ihr. Sie sehen und erkennen mich und dienen mir. Weil ich aber zu euch mich geneigt, euch mich in Werken offenbart habe, habt ihr einen härtern Sinn als die Tiere und wisst nicht, wer ich bin (2896 ff.).

Das Jesuskind in dem Marienleben Philipps des Karthäusers und Walthers von Rheinau [1]). Während Konrads Dichtung das Bestreben

---

[1]) Philipps Marienleben (ed. Rückert, Bibl. d. d. Nat. Litt., XXXIV), sowie dem Walthers (ed. Keller, Tübingen 1849—1855) liegt die lat. Vita beate Virginis Marie et Salvatoris rhythmica (ed. Vögtlin, Bibl. d. Litt. Ver., CLXXX) zu Grunde; siehe Schade, a. a. O. p. 8*. Walther hält sich wörtlich an seine Vorlage;

zeigt, die göttliche Natur Jesu hervortreten zu lassen, und im Hang zum Wunderbaren da und dort ans Ungeheuerliche streift, findet sich bei Walther, aber vor allem bei Philipp, trotzdem die selben Wunder und Zeichen sich hier wiederholen, ja auch sonstige noch hinzutreten, ein anderer Zug der Christus-Natur auf das Jesuskind übertragen: die Liebe des Erlösers, die in ihrer Vollkommenheit dem heiligen Kinde, auf eine andere Weise als durch Zeichen und Wunder, den Stempel der Göttlichkeit aufdrückt.

Bei Philipp und Walther bleibt das Kind bis zu seinem Aufenthalt in Egypten fast immer ganz passiv. Nur den Drachen gegenüber und in der in einigen Einzelheiten abweichenden Palmbaumepisode übernimmt es eine aktive Rolle; dagegen ist jener Sagenzug, der die ganze Schöpfung Jesu huldigen lässt, hier viel mehr ausgebildet. Nicht bloss die wilden Tiere und Drachen, auch die Vögel erkennen ihn an und grüssen ihn als König (Vita 2282 ff. Ph. 3930 ff. W. 76ᵇ, 48 ff.). Bäume und Pflanzen neigen sich vor dem durch Egypten ziehenden Kinde (V. 2226 ff. Ph. 2866 ff. W. 74ᵇ, 35 ff.). Auch die Dämonen, welche ihre geheiligte Stätte auf einem Pfirsichbaume haben, müssen ihn anerkennen und von ihrem Heiligtum entfliehen (V. 2322 ff. Ph. 3240 ff. W. 78ᵇ, 30 ff.), und die Götzen, jene Trugbilder Satans, fallen vor ihm nieder[1]) (V. 2344 ff. Ph. 3292 ff. W. 79, 13 ff.). Während Konrad von dem Aufenthalte in Egypten nichts erzählt, sondern gleich zu der Rückkehr nach Judäa und der dort sich entfaltenden Jugend Jesu weiterschreitet, haben Philipp und Walther die sieben Jahre in Egypten reich ausgefüllt. Hier wird die Entwicklung des Kindes, von der Konrad nichts berichtet, geschildert. Diese geht in merkwürdiger Weise vor sich, wenn man überhaupt von Entwicklung sprechen kann; denn das Jesuskind macht nicht die mühsamen Stadien der Unvollkommenheit durch wie andere Kinder; sobald die Zeit gekommen ist, in der andere Kinder gehen und sprechen lernen, steht und geht das Jesuskind gleich

---

vgl. Hauffen, Walther von Rheinau, seine lat. Quelle und sein deutsches Vorbild, Z. f. d. A. 32, 337 ff. Philipp dagegen ist viel freier. Er hat Auslassungen, aber dafür auch manches, was sich in der Vita nicht findet. Rückert, a. a. O. Anmerkungen 360, glaubt jedoch nicht, dass er noch irgend eine andere Quelle benutzt habe.

[1]) Dieser Zug auch bei Konrad 1978 ff. und im Passional 38, 10 ff.

aufrecht, ohne den Beistand anderer nötig zu haben, und ebenso ist seine Sprache sofort tadellos und vollkommen. Im Umgang mit andern offenbart sich seine Heiligkeit darin, dass alles Böse aus seinen Spielen fern bleibt (Ph. 3714 ff.; fehlt bei V. W.) und er ein gutes Beispiel gibt. So gross ist seine Leutseligkeit, so lieblich sein Wesen, dass seine Gespielen ihn zum König machen (V. 2564 ff. Ph. 3732 ff. W. 87, 21 ff.) und man im Kinde einen kleinen Gott, den Sohn Jupiters zu erblicken glaubt (V. 2556 ff. W. 87, 3 ff.; vgl. Ph. 3634 ff., 3728 ff.).

So weit geht die Verehrung der Egypter für Maria und Jesus, dass sie bei dem Abschied der heiligen Familie Bilder von den Beiden machen, die sie fortan in ihrem Tempel bewahren (V. 2582 ff. W. 88, 13 ff.; fehlt bei Ph.). Merkwürdig äussern sich die Bearbeiter der Legende über Jesu Charakter und seine Doppelnatur als Gott und Mensch. Die Vita und der ihr genau folgende Walther erzählen, dass Jesus von seinem zehnten Jahre an nicht mehr gelacht oder kindlich gehandelt habe, oder dass, wenn er gelacht, dies nur gewesen sei, um den Teufel an seiner göttlichen Natur irre zu machen (V. 2522. W. 85[b], 43 ff.[1]). Weiter geht Philipp, wenn er die, welche behaupten, Jesus habe nie gelacht oder Kurzweil getrieben, Esel und Affen nennt und dann lang und breit erklärt, warum er gespielt habe und kindlich gewesen sei, nämlich um die Teufel zu betrügen. Weinen, lachen, essen, trinken, schlafen, wachen und sich kindlich gebärden in den kindlichen Jahren, das ist dem Jesuskinde erlaubt, ebenso wie jedes Spiel treiben, das ohne Sünde ist (Ph. 3929 ff.). Aus demselben Grunde, die Teufel zu betrügen, ist er auch den Beschwerden des Lebens, Durst, Hunger, Kälte und Hitze unterworfen (vgl. V. 2050 ff. W. 68, 1 ff.). Er wird auf dem Rückwege nach Judäa von Müdigkeit befallen, und Joseph trägt ihn oder Maria führt ihn an der Hand (Ph. 3838 ff.), oder nach der Vita (2607. W. 89, 9 ff.) reitet er auf einem Esel, wenn er müde ist; von seiner göttlichen Gewalt macht er nur Gebrauch, wenn es gilt, zu helfen: so nimmt er die geängstigte Maria bei der Hand und wandelt mit ihr über einen Fluss (Ph. 3866 ff.; fehlt bei V. W.).

Nach der Rückkehr aus Egypten erzählen Philipp und

---

[1]) Vgl. die oben (S. 79) zitierte Stelle des Heliand.

Walther dieselben Wunder wie Konrad, zu denen noch allerlei andere treten. Aus Egyptenland kommt das Jesuskind, wo man es allgemein geliebt und als Gott verehrt hat. Ein anderes Leben fängt an; denn in den Herzen der Juden herrscht nicht ungeteilte Freude über Josephs Sohn. Die einen loben, die andern tadeln ihn; sie erkennen Gottes Sohn in ihm oder halten ihn für besessen; sie glauben, er sei vom Himmel gekommen, oder er sei ein Zauberer, der sein Handwerk in Egypten gelernt habe (V. 2640 ff. W. 90^b, 37 ff.; fehlt bei Ph.). Auch der Lehrer, den des Kindes Allwissenheit in Erstaunen setzt, erklärt, es sei ein Geist, ein Engel, ein Gott in Menschengestalt oder ein Teufel (V. 2784. W. 95^b, 38 ff.; fehlt bei Ph.). Die ungetrübte Freude der Jahre in Egypten ist vorbei; hat Jesus früher Hitze, Durst und Elend empfunden, so muss er jetzt das bittere Missverstandensein und die üble Nachrede der Leute fühlen, und bei Philipp wenigstens steht das Kind nicht gefühllos in erhabener Grösse über dem allem. Es ist menschlicher geschildert als Konrads Jesuskind. Schon im kleinen Kinde zeigt Philipp weniger die göttliche Gewalt als das liebevolle, um alles menschliche Elend blutende Herz des Erlösers. Auf dem mühsamen Wege nach Egypten weint Maria, weil der greise Joseph ihretwegen so viel Kummer hat. Das in ihren Armen schlummernde Kind erwacht, als sie es mit ihren Tränen benetzt, und lächelt die Mutter an; sobald es aber wahrnimmt, dass sie weint, birgt es sein Köpfchen in ihre Arme und weint ebenfalls bitterlich. Dann tröstet es die Mutter und wischt ihr die Tränen von den Wangen (Ph. 3189 ff.). Ein anderer hübscher Zug, den nur Ph. hat, ist folgender: Einmal fällt ein Kind und bricht sein Bein; da eilt das Jesuskind auf dasselbe zu, heisst es mit ihm spielen gehen, und in dem Augenblicke ist es geheilt und folgt Jesus (Ph. 3746 ff.). Besonders innig ist das Verhältnis zwischen Jesus und seiner Mutter. Er tut alle Zeit gerne ihren Willen und ist ihr zu jedem Dienste bereit (V. 2664 ff. Ph. 3712 f. W. 91^b, 1 ff.). Mitleidig gegen andere und von grossem Zartgefühl, empfindet er das Betragen der Juden ihm gegenüber, ihren Hass und Neid. Als die Mutter ihn über das böse Gerede der Leute fragt, antwortet er, dass es so sein müsse, dass sie Beide Pein und Schmerzen leiden von harten Herzen, obgleich sie unschuldig sind (V. 2738 ff. Ph. 4370 ff. W. 94, 4 ff.). Bei Philipp klagt er auch seiner Mutter, dass die Menschen ihn beschweren und ihm übel auslegen, was er ihnen Gutes tue (4742 ff.). Überhaupt zeigt Philipps Jesuskind einen tiefsinnigen, fast leidenden Zug: wenn andere am Brunnen fröhlich spielen, sitzt es nachdenklich für sich abseits (4460 ff.), oder wenn sich die übrigen Kinder herumtummeln, sondert es sich ab und sieht den Gespielen zu, ohne selbst irgend eine Kurzweil zu treiben (4340 ff.). Das Jesuskind Philipps ist tiefer aufgefasst als dasjenige Konrads, der die Gegensätze in des Kindes Natur naiv darstellt, ohne sich zu besinnen, wie er sie aussöhnen könnte. Bei Philipp wie auch bei Walther und in der Vita dagegen fällt es auf, dass die Bearbeiter der Legende sich über das merkwürdige Kind Rechenschaft zu geben suchen und bei allen Widersprüchen, die in der Behandlung ihres Stoffes unvermeidlich sind, doch sich bestreben, den Charakter und die Handlungsweise Jesu psychologisch zu motivieren. Sie halten fest an seinen Wundern; denn diese sind auch nach ihrer Ansicht notwendig, damit man die Gottheit des Kindes nicht vergesse; aber daneben sind sie bestrebt, auch die Menschlichkeit und zwar die dem Leiden und Schmerze unterworfene menschliche Natur zur Geltung zu bringen, und deshalb ist ihr Jesuskind ein viel treuerer Reflex des Christus im Evangelium, der, obwohl Gott, sich der Menschennatur anbequemte und ihr unterworfen war. Während das Jesuskind Konrads über Schmerz und Traurigkeit erhaben ist, tritt hier schon im Kinde der unter dem Neid und Hass seines Volkes leidende Christus auf, und von dem tragischen Hintergrunde, den die Juden bilden, hebt sich die leidende Kindergestalt um so deutlicher ab, als der Verfolgungszeit in Judäa die ungetrübte Freude Egyptenlands vorausgeht, wo alle in Jesus Gott erkannten und ihn verehrten. Man denkt hier unwillkürlich an jene Worte Christi: „Kein Prophet ist angenehm in seinem Vaterlande" (Luk. 4, 24), die zur Bildung der Legende ebenfalls das Ihrige beigetragen haben mögen.

Während Konrad und der Passionaldichter die Kindheitsgeschichte Jesu bei der Schulszene abbrechen, bringen Philipp und Walther noch die mit den kanonischen Büchern übereinstimmende Szene im Tempel, wo sie die Weisheit des Kindes und das Erstaunen der Schriftgelehrten möglichst ausschmücken (V. 3062 ff. Ph. 4762 ff. W. 105, 23 ff.). Das bisher unerwähnt gebliebene

Gedicht: Die Erlösung[1]), beschränkt sich für die Kindheitsgeschichte auf die Tempelszene und eine allgemeine Lobpreisung der Tugenden und der Schönheit des Jesuskindes. Bei dem zwölften Jahre Jesu angelangt, schliesst auch die Legende ihre Berichte über das heilige Kind, und wie in den kanonischen Büchern, so herrscht auch hier, mit Ausnahme weniger unbedeutender Sagenzüge, völliges Dunkel über die Jahre, die zwischen dem Auftritt des zwölfjährigen Jesus im Tempel und dem öffentlichen Auftreten Christi liegen. Dies bedauert Philipp; aber er geht nicht über die Grenzen seiner Quelle hinaus (4896 ff.), und nur durch die Ehrfurcht vor den nun die Erzählung aufnehmenden kanonischen Evangelien wird es begreiflich, dass die mittelalterliche Phantasie, die in den ersten zwölf Lebensjahren Jesu so ungebunden waltet, ihrem Spiele hier plötzlich eine so schroffe Grenze gesetzt hat.

Maria. Nicht nur die Kindheit Jesu, auch die Marias, der Mutter Gottes, erfährt in den apokryphen Büchern eine poetisch-sagenhafte Gestaltung, und zwar begegnen schon im zwölften Jahrhundert auf deutschem Boden Bearbeitungen der legendaren Geschichte Marias, während das erste deutsche Werk, das Jesu Kindheit behandelt, erst in die Nachblüte der deutschen Dichtung des Mittelalters fällt. Wernher, ein bayrischer Priester, hat seine drei Lieder von der Magd schon um 1172 verfasst[2]), während Konrad von Fussesbrunnen erst nach 1210 schreibt. An Wernhers Marienleben reihen sich im dreizehnten Jahrhundert die Berichte des Passionals über Marias Kindheit[3]) und die bei der Betrachtung

---

[1]) Ed. Bartsch, Bibl. d. gesamt. d. Nat. Litt. XXXVII, 3723 ff. Neben kanonischen benutzte er apokryphe Quellen, insbesondere den Pseudo-Mathaeus; siehe Reinsch, a. a. O. 114.

[2]) Wernhers Maria in Hoffmanns Fundgruben f. Gesch. d. Sprache und Litt. II, 145 ff. Des Priesters Wernher Driu Liet von der Maget, ed. Feifalik, Wien 1860. Nach Schade a. a. O. p. 8 ist Wernhers Quelle das bei ihm p. 11 ff. abgedruckte Buch von der Kindheit Mariens und Christi des Erlösers. Vgl. Feifalik, Einleitung XXIV; ferner Steinhäuser, Wernhers Marienleben in seinem Verhältnisse zum Liber de infantia Sanctae Mariae et Christi salvatoris, Rostocker Diss., Berlin 1890, und Bruinier, Kritische Studien zu Wernhers Marienliedern, Greifswalder Diss. 1890.

[3]) Für den hier in Betracht kommenden Teil seines Werkes schöpft der Passional-Dichter nach Schade a. a. O. p. 8b aus dem Liber de nativitate Mariae.

von Jesu Kindheit erwähnten Werke Philipps des Karthäusers und Walthers von Rheinau. Ein anderes Gedicht aus dem Ende des zwölften Jahrhunderts ist leider verloren gegangen. Konrad von Fussesbrunnen erwähnt es im Eingang zu seinem Gedichte und gibt kurz den Inhalt desselben an, um das bei Meister Heinrich behandelte nicht noch einmal weitläufig zu wiederholen (91 ff.). Die deutschen Dichter folgen ihren lateinischen Vorlagen sehr treu und fügen fast keine individuellen Züge hinzu, die für ihre selbständige Auffassung sprechen könnten. Das jungfräuliche Ideal, das sie in Maria verherrlichen, haben sie ihrer Quelle entnommen, und es bleibt ihnen nur übrig, die oft etwas kurz gefasste Überlieferung in erweiterter Form wiederzugeben.

Bei Werner hat die Legende von Marias Kindheit noch etwas verhältnismässig Schlichtes und Knappes, wogegen die Vita, und folglich auch Philipp und Walther, ohne wesentlich neues zu bringen, eine viel längere und ausführlichere Darstellung der Sagen aufweisen.

Die kanonischen Bücher gewähren keinen Aufschluss über Marias Kindheit; daher müssen alle Züge der Apokryphen Rückschlüsse von den biblischen Berichten über die Jungfrau auf das Kind Maria sein. Die blosse Tatsache, dass Maria würdig erfunden wurde, Gottes Mutter zu werden, und der Ausspruch des Engels, dass sie gebenedeit sei unter allen Weibern (Luk. 1, 28), sind die Anhaltspunkte, von denen die Sagen von der Kindheit und Jugend Marias offenbar ausgehen.

In Maria finden sich nicht die Widersprüche, die im Kinde Jesus begegnen; denn hier ist nicht von einer göttlichen und menschlichen Natur die Rede; aber wenn auch kein göttliches, ist Maria ein heiliges Kind, das nach der Lehre der römischen Kirche schon vor der Geburt durch den heiligen Geist von der Erbsünde gereinigt worden ist (V. 383 ff. Ph. 347 ff. W. 15 b, 31 ff.). Schon der Engel, der Joachim Marias Geburt verkündigt, weist auf die Heiligkeit und hohe Bestimmung derselben hin (Liber d. i. Kap. III. Wernher Fundgr. 158, 22 ff. Feifalik 815 ff.), und diese Heiligkeit offenbart sich von klein auf im Kinde. Alle Fassungen, die lateinischen wie die deutschen, berichten, dass Maria als dreijähriges Kind von den Eltern im Tempel dargestellt wird, wo sie das Erstaunen und die Bewunderung aller erregt, als sie sich von den Eltern losmacht und unverwandt die fünfzehn Stufen, die zum Tempel führen, hinaneilt (Liber d. i. Kap. IV). Wernher fügt hinzu, dass das Kind darauf manchen Kniefall tat (Fundgr. 160, 41 ff. Feifalik 1000 ff.). Dieses an und für sich ganz denkbare Tun des Kindes deutet schon der Passional-Dichter als Wunder. Er sieht in der Besteigung der Stufen einen Hinweis auf Marias zukünftige Erhöhung (8, 85 ff.), und ihm ähnlich berichten die Vita, Philipp und Walther, indem sie die ganze Szene noch mehr ausschmücken; denn das Kind eilt nicht bloss zum Tempel, sondern legt die Hand auf das Opfer, um es darreichen zu helfen, und neigt das Haupt gegen den Altar, als wolle es sich Gott zum Dienste weihen (V. 491 ff. W. 19, 11 ff.). Die Natürlichkeit der Szene hebt Walther unwillkürlich dadurch hervor, dass er sagt, das Kind sei die Stufen hinauf gekrochen. Philipp andererseits geht in der Beschreibung der Selbständigkeit Marias weiter als die andern, wenn er das Kind das Opfer selbst ergreifen und, ohne auf die Mutter zu warten, auf den Altar legen lässt (443 ff.). Diese in jeder der Fassungen etwas variierte Szene mag als Beispiel dienen für die Art und Weise, wie die Dichter ihren im Grunde gleichen Stoff verschieden gestalten, ohne etwas eigentlich neues zu bringen. Diese Nuancen durch die ganze Jugendgeschichte Marias zu verfolgen, würde hier zu weit führen, wo wir es nur mit den Hauptzügen zu tun haben, aus denen sich die Gestalt des Kindes Maria zusammensetzt. Aus Wernher und dem Passional geht hervor, dass Maria vom dritten Jahre an im Tempel blieb, dem Dienste Gottes geweiht (Liber d. i. Kap. IV. Fundgr. 163, 25 ff. Feifalik 1169 ff. Pass. 10, 35 ff.). Die Behauptung des Liber, dass Maria in diesem zarten Alter vollkommen sprechen und gehen konnte, haben die deutschen Dichter ausgelassen, wahrscheinlich, weil sie ihnen geschmacklos und unnatürlich vorkam, und das mag für die Auffassung von Maria von Wichtigkeit sein, weil es zeigt, dass man in ihr kein übernatürliches Kind erblicken wollte, das von klein auf in jeder Beziehung vollkommen gewesen wäre. Obwohl uns nirgends etwas von Sünde im Kinde Maria begegnet, so wissen doch wenigstens die Versionen V. Ph. W. von einer Erziehung des Kindes, welche hier in die Zeit vom dritten bis zum siebenten Lebensjahre fällt, in die Zeit also, die Maria abweichend von den Berichten Wernhers und des Passionals noch bei den Eltern zubringt, ehe sie definitiv in den Tempel aufgenommen wird (V. 557 ff. Phil. 499 ff. W. 21, 26 ff.). Vater und Mutter arbeiten an dem Kinde; sie lehren es die Tugenden, in denen Maria später alle Genossinnen übertrifft. Obwohl schon in der Wiege still und sittsam (V. 477 ff. Ph. 383 ff. W. 18 [b] 37 ff.), lernt es doch von den Eltern, und die guten Früchte einer weisen Erziehung sind es zum Teil, die Maria schon im Tempel so heilig erscheinen lassen (V. 529 ff. Ph. 471 ff. W. 20 [b], 1 ff.). Hier offenbart sich ihr selbstvergessenes Wesen. Ihre-Zeit ist dem Gebet und der Arbeit gewidmet; jedem ist sie zu helfen bereit; sie tröstet die Traurigen, teilt ihr Brod den Armen aus und bringt Friede und Segen über ihre ganze Umgebung. Sie geht selten aus, lacht wenig, und ihr weltabgekehrter Sinn hat Gott zum einzigen Freund und Geliebten erkoren [1]). Daher denn auch der Konflikt zwischen ihr und den Priestern, als diese sie mit den übrigen mannbaren Jungfrauen, nach der Sitte der Juden, verheiraten wollen. Der Passional-Dichter erzählt, sie habe als Grund gegen das Heiraten angegeben, dass die Eltern sie dem Dienste Gottes geweiht hätten (11, 19 ff.). Im Liber d. i. (Kap. VII) und bei Wernher (Fundgr. 166, 40 ff. Feifalik 1409 ff.) beruft sie sich auf Abel und Elias als Beispiele von Menschen, die durch ihr keusches Leben Gott wohlgefallen hätten, und in der Vita (1006 ff.), resp. bei Philipp (924 ff.) und Walther (34 b, 54 ff.) hält sie, vom Feuer himmlischer Liebe entzündet, den Priestern eine begeisterte Rede über den himmlischen Bräutigam, den sie sich erkoren habe, und über die himmlischen Freuden an seiner Seite, denen sie das Elend des irdischen Lebens entgegenstellt.

In diesen Zügen allein erkennt man das jungfräuliche Ideal des Mittelalters. Ja, Maria hat schon in zarten Jahren ein so ganz jungfräuliches Gepräge, dass man vergisst, dass man es mit einem Kinde zu tun hat. Sie ist von der Zeit an, die sie im Tempel zubringt, gar nicht mehr Kind, sondern Jungfrau, und die Vita (551 ff.) und Walther (21, 14 ff.) sagen geradezu, dass ein altes Herz in die kindliche Brust gelegt war, und Maria gegen die Art der Kinder Ruhe und Schweigsamkeit besass. Aber Maria

---

[1]) Vgl. Liber d. i. Kap. VI. Fundgr. 163, 40 ff. Feifalik 1189 ff. Pass. 10, 35 ff. V. 631 ff. Ph. 558 ff. W. 24, 1 ff.

ist nicht bloss der Typus der gottgeweihten Jungfrau. Als zukünftige Mutter Gottes besitzt sie nebst ihren Herzenstugenden die glänzendsten Geistesgaben und vollkommene Schönheit. Letztere wird in der Vita (665 ff.), bei Philipp (814 ff.) und Walther (25, 6 ff.) weitläufig beschrieben. Wernher erzählt seiner Quelle gemäss (Liber d. i. Kap. VI), dass Marias Antlitz leuchtete, so dass man sie fürchtete oder kaum ansehen konnte (Fundgr. 163, 32 f. Feifalik 1181 f.), während der Passional-Dichter diese Eigenschaft tiefer auslegt, indem er sagt, Marias Ausdruck habe dem Leichtsinnigen, der sie ansah, keusche Gedanken verliehen (10, 61 ff.).

Was andere schwer lernen, macht das Kind in seinem Spiel (Fundgr. 163, 35. Feif. 1188 ff.). In den Büchern des Alten Testamentes ist sie wohl unterrichtet (V. 615 ff. Ph. 588 ff. W. 23 [b], 44 ff.). Schon Otfrid, der sich sonst an die kanonischen Bücher hält, lässt Maria aus dem Psalter singen, als der Engel zu ihr hereintritt (I, 5), und seine naive Vorstellung vom Palaste, in dem Maria sitzt, ist für die mittelalterlichen Anschauungen charakteristisch; denn auch die übrigen Dichter der Zeit sehen in Maria stets die Königstochter aus dem Hause Davids. Die Vita (750 ff.) und Walther (27 [b], 32 ff.) berichten, dass sie einen höfischen Gang hatte, und schon von ihren Genossinnen wird sie Königin genannt (V. 881 ff. Ph. 694 ff. W. 31, 16 ff.). Konrad von Fussesbrunnen oder, besser gesagt, Meister Heinrich, dessen Werk er kurz darlegt, weiss sogar von einer Meisterin, die sich Marias in ihrer Jugend annimmt (124 ff.).

Die Vorstellungen von Maria als königlicher Jungfrau im irdischen Sinne und als zukünftiger Himmelskaiserin gehen oft in einander über. Im Liber (Kap. VI) wird erzählt, dass die Engel, die häufig mit Maria verkehren, ihr gehorchen. Sie bringen ihr Speise vom Himmel (Liber d. i. Kap. VI. Fundgr. 164, 7 ff. Feif. 1207 ff. Phil. 770 ff.)[1], die sie so wunderbar stärkt, dass sie trotz Wachen und Fasten nie bleich oder trübe wird (Fundgr.

---

[1] Diesen Zug erzählt Philipp in Übereinstimmung mit dem Liber, ebenso dass die Verkündigung am dritten Tage nach der Erscheinung des Engels am Brunnen erfolgte (1616 ff.). Diese Züge fehlen in der Vita und bei Walther. Sollte man daraus schliessen können, dass er Schades Liber neben der Vita benutzt habe oder eine Fassung der Vita, die mehr enthielt als die von Vögtlin abgedruckte?

164, 34 ff. Feif. 1251 ff.). Engel sind es auch, die Maria trösten und aufrichten (V. 1438 f. W. 47 ᵇ, 44. Pass. 9, 52 ff.), und ihr ihre hohe Bestimmung zuerst geheimnisvoll andeuten (Liber d. i.' Kap. IX. Fundgr. 176, 31 ff. Feif. 2041 ff. Pass. 14, 13 ff. V. 1440 ff. Ph. 1551 ff. W. 47 ᵇ, 48 ff.), dann als direkte Botschaft offenbaren.

So denkt sich das Mittelalter die Kindheit und Jugend Marias, deren Heiligkeit so gross ist, dass die Kranken, die sie anrühren, geheilt werden (Liber d. i. Kap. VI. Fundgr. 165, 24 ff. Feif. 1314 ff.). Ausser diesem Wunder werden keine von ihr berichtet; denn durch Wundertun Aufsehen zu erregen, hätte der demütigen Jungfrau und Gottes Absicht mit ihr nicht entsprochen. Um diese Absichten nicht zu vereiteln, muss Maria selbst so weit gehen, sich trotz ihres Gelübdes mit Joseph öffentlich trauen zu lassen. Sie sträubt sich nicht dagegen, sowie sie erkannt hat, dass es Gottes Wille sei, und dieser demütige Sinn ermöglicht es ihr auch, auf die hehre Botschaft vom Himmel dem Engel zu antworten: „Siehe, ich bin des Herrn Magd; mir geschehe, wie du gesagt hast" (Luk. 1, 38; entsprechend V. 1563. Ph. 1688 f. W. 52, 25 f.).

Das Wunder, das an Maria dadurch geschieht, dass sie Gottes Mutter wird, beeinträchtigt ihren Ruhm als Jungfrau in Ewigkeit nicht. Im Gegenteil bestätigt die Mutterschaft Gottes die Jungfrauschaft Marias, und das Ideal der Jungfräulichkeit wird durch die Gnade, die Maria erfährt, und die Verheissung, dass sie gesegnet sei unter allen Weibern, dem Mittelalter für alle Zeiten geheiligt und nacheiferungswürdig. Maria ist denn auch der Typus für die weltabgekehrten, heiligen Jungfrauen und Märtyrerinnen, die mit den Märtyrern, Christus und Maria von den Gläubigen verehrt und angerufen werden und im Schosse der Kirche, von dichterischem und künstlerischem Zauber umflossen, Geist und Sinne der Anbetenden gefangen nehmen. Zwischen Maria und den spätern Heiligen ist jedoch noch ein grosser Unterschied: sie hat keinen einzigen harten Zug, ihre Askese artet nie in Herbheit aus, wie z. B. oft bei den Märtyrerinnen, die, für das gleiche Ideal eintretend, den Kampf bis aufs Blut zu bestehen haben. Der Grund für diesen Unterschied ist wohl darin zu suchen, dass Maria von der Erbsünde gereinigt ist, und deshalb die Bekämpfung des Fleisches ihr nicht schwer fallen konnte, hauptsächlich aber darin, dass sie eben nicht zum Kampfe oder zu einem blutigen Tode bestimmt war, sondern zu der hohen Würde, Gottes Mutter zu werden. Das asketische Ideal des Mittelalters musste sich ihrer Bestimmung und ihrem Lose anbequemen, und seine Herbheit musste sich mit der unaussprechlichen Milde und Sanftmut der Mutter Gottes versöhnen.

Maria bildet gleichsam den Übergang von Jesus zu den Heiligen: Christus steht als Gott über aller Sünde und ist von Kind auf vollkommen. Maria, als befreit von der Erbsünde, ist gut und heilig, aber als Mensch ist sie der Möglichkeit, zu sündigen, nicht überhoben. Für die Heiligen dagegen, als sündige Menschen, gilt es einen fortwährenden, hartnäckigen Kampf gegen Sünde, Welt und Teufel. Deshalb muss bei diesen letztern ein streng asketischer Zug auffallen, der, bei aller Heiligkeit, Maria und Jesus abgeht. Das Mittelalter hat Mühe, diesen Mangel an Askese in Jesus und Maria mit seinem schroffen asketischen Ideal auszusöhnen; einige Dichter suchen über diesen Mangel klar zu werden und eine Entschuldigung dafür zu finden. Sie gelangen zu einem sehr naiven Schluss; denn, wie schon erwähnt, behaupten die Vita, Walther und vor allen Philipp, dass Jesus kindliches Spiel getrieben habe, um die Teufel über seine Gottheit zu täuschen, und denselben Grund, den Betrug der Teufel, gibt der Passional-Dichter (13, 5 ff.) für Marias öffentliche Trauung mit Joseph an.

Johannes der Täufer. Als Vorläufer der frühchristlichen Asketen kann Johannes gelten. Die besprochenen Fassungen der Kindheit Jesu und Marias berichten alle sehr wenig über ihn. Philipp weiss nur von einem lieblichen Verkehr der Kinder Jesus und Johannes (4212 ff.) und dass in spätern Jahren die beiden Jünglinge in der Wüste zusammen beten, lesen, meditieren und Gott loben (4935 ff.). Die Vita (3414 ff.) und Walther (118, 3 ff.) erzählen, Johannes habe seit seinem fünfzehnten Jahre die Welt geflohen und die Wüste aufgesucht. Das einzige den Johannes ausschliesslich behandelnde Werk, das der Ava zugeschriebene Gedicht aus dem zwölften Jahrhundert [1]), verlegt diese Weltflucht schon in frühere Jahre. Hier begibt sich das von Gott auf wunderbare Weise erleuchtete Kind mit acht Jahren in die Wüste und beginnt, vom

---

[1]) Die Gedichte der Ava, ed. Piper, Z. f. d. Ph. XIX, 129 ff.

heiligen Geiste getrieben, den Kampf mit dem Fleische. Aus Liebe zu Gott verleugnet es sich und hütet seine Sinne, in denen der Herr seine Wohnung genommen hat (195 ff.). So legt sich die Sage die Kindheit des grossen Asketen zurecht, den die kanonischen Bücher als den Prediger in der Wüste vorführen, der sich von Heuschrecken und wildem Honig nährt und mit einem Kleide von Kameelhaar angetan ist [1]).

Die Heiligen des Passionals [2]). Was das Mittelalter in Maria verherrlicht und das Gedicht Avas an Johannes dem Täufer lobend hervorhebt, die Keuschheit, die Abgewandtheit von der Welt und das innige Verhältnis zu Gott, das ist auch die gemeinsame Tugend der Heiligen, die jene Zeit verehrt, und wie bei Maria und Johannes zeigen sich auch bei den hier zu besprechenden Heiligen diese frommen Züge schon im Kindesalter. Gleich Maria wollen die keuschen Jungfrauen von keinem andern als dem himmlischen Bräutigam wissen: die fünfzehnjährige Margaretha erleidet durch ihren Freier Olibrius den Tod, weil sie auf ihrem Glauben beharrt und Christi Braut sein will (326 ff.). Ebenso standhaft bleibt die achtzehnjährige Katharina dem Kaiser Maxensius gegenüber, der sie vom Christentum abbringen und dann heiraten will. Wie Margaretha geht sie lieber in den Tod, als dass sie ihr reines Leben befleckt und Christum verleugnet (667 ff.). Justina kann auch das Blendwerk des Teufels, womit ihr Freier Cyprian sie zu Falle bringen will, nicht berücken (491 ff.), und Anastasia, die von ihrem heidnischen Vater einem Heiden gegeben wird, meidet seinen Umgang, indem sie sich durch Kasteiungen schwächt und als krank ausgibt (31 ff.). Bei diesen Mädchen allen ist der Konflikt ein doppelter, da sie nicht nur ihrer Keuschheit, sondern auch ihres Glaubens wegen angefochten werden. Selten ist der Kampf nur gegen das Heidentum gerichtet, wie bei Christina, die den Tod durch ihren eigenen heidnischen Vater erleidet

---

[1]) Math. 3, 4. Marcus 1, 6. Luk. 3, 2 ff. Zur Kindheit des Joh. vgl. Luk. 1, 80.
[2]) Das Passional (ed. Köpke, Bibl. d. gesamt. d. Nat. Litt. XXXII). Köpke (Einleitung IX) weist auf eine augenfällige Übereinstimmung der Heiligengeschichten mit denen der Legenda aurea hin, hält aber den Schluss nicht für gerechtfertigt, dass der Dichter aus dieser Quelle geschöpft habe, besonders da er am Schluss seines Werkes sagt, er hätte es nicht *ane grozen ummesuch* zu Stande gebracht.

(340 ff.), oder bei dem zwölfjährigen Vitus, der weder durch die Drohungen, noch durch die Schmeicheleien des heidnischen Vaters gerührt wird und seinen Glauben mit dem Tode besiegelt [1]). Am häufigsten aber sind die Fälle, wo es sich gar nicht mehr um die äussern Kämpfe gegen das Heidentum handelt, sondern um die innern gegen Fleisch, Welt und Teufel. Vom heiligen Benedictus sagt der Passional-Dichter folgende, für alle asketischen Kinder charakteristischen Worte: Ohne zu brennen, glaubte er auf die Länge nicht beim Feuer weilen zu können (217, 26 f.). Er flieht daher die Welt und überwindet alle Anfechtungen, die der Teufel ihm in seiner Einsamkeit in den Weg legt. Wie er Margaretha und Justina in Jünglingsgestalt erschienen ist, so führt der Teufel dem Benedictus das Bild einer Frau vor, auf die er in Kindertagen mit Wohlgefallen geblickt hat (219, 45 ff.). Von den Bischöfen Nikolaus (7, 38 ff.), Remigius (93, 74 ff.), Ambrosius (241, 75 ff.), dem Prediger Dominicus (354, 83 ff.), dem Abte Bernardus (396, 46 ff.) wird aus ihrer Kindheit ähnliches berichtet. Merkwürdig ist die Kindheit der heiligen Petronilla (297), die in spätern Jahren den Heiden Flaccus heiraten soll, sich aber so durch Fasten schwächt, dass sie stirbt. Sie wird von ihrem Vater, dem Apostel Petrus, in asketischer Zucht gehalten; er hat eine solche Gewalt über sie, dass er sie, damit sie sich in der Demut übe, an Fieber krank darnieder liegen lässt und erst gesund macht, als er glaubt, dass sie im rechten Verhältnis zu Gott steht. Ähnlich Marina (305 ff.), insofern auch hier die Tochter dem Vater unbedingt gehorcht und er über sie verfügt. Um in der Keuschheit bewahrt zu bleiben, muss Marina Mannskleider anlegen und in ein Mönchskloster eintreten, wo sie bis zu ihrem Tode, das dem Vater gegebene Versprechen haltend, ihr Geschlecht verbirgt, obwohl sie sich durch die Offenbarung des Geheimnisses von schweren Verläumdungen rechtfertigen könnte. Auch der heilige Martinus (592 ff.) zeigt schon als Kind den Hang zur Askese und Weltflucht. Seit seinem zwölften Jahre an Christum gläubig, wird er nur durch Krankheit davon zurückgehalten, das väterliche Haus

---

[1]) Als erste Märtyrer gelten die Bethlehemitischen Kinder; siehe Kindheit Jesu des K. v. F. 1300 ff. Passional, ed. Hahn 43, 81 ff. Erlösung 3632 ff. Wernhers Marienleben, Fundgr. 208, 4 ff. Feifalik 4195 ff. Vita 2132 ff. Walther 71, 8 ff. Philipp 2736 ff.

und die weltlichen Freuden zu verlassen; mit fünfzehn Jahren zum Ritter geschlagen, behält er seinen demütigen Sinn, der sich unter anderm darin offenbart, dass er seinen Knappen bedient und ihm sogar die Schuhe auszieht. An Martinus reiht sich die heilige Elisabeth an (618 ff.), die, von klein auf himmlisch gesinnt, nur wider Willen den Landgrafen als Gemahl anerkennt, da sie ein keusches Leben der Ehe vorgezogen hätte. Ausführlicher berichtet über sie ein anderes Gedicht, betitelt: Das Leben der heiligen Elisabeth [1]). Das aus Ungarn im vierten Jahre an den thüringischen Hof gebrachte und mit des Landgrafen Sohn Ludwig vermählte Kind zeichnet sich von klein auf durch seine Frömmigkeit aus. Elisabeth schleicht sich täglich in die Kirche, hebt die gefalteten Händchen gen Himmel und, das Auge auf den Altar gerichtet, nimmt sie mehr ins Herz auf, als ihr kindlicher Mund aussprechen kann. Sie eilt vom Spiel weg in die Kirche, und findet sie die Türe geschlossen, so küsst sie die Schwelle. Sogar beim Spielen fällt sie auf die Knie, indem sie den Kindern vorgibt, sie wolle ihre Grösse messen. Vom Gewinn beim Spiele gibt sie den Zehnten, und das Übrige verteilt sie den armen Kindern, unter der Bedingung, dass sie dafür Ave Maria und Pater Noster sprechen. Auch in der Nacht pflegt sie zu beten und klagt dem Heiland alle ihre Kümmernisse. An Schmuck und Kostbarkeiten hat sie keine Freude, und als ihre stolze Schwägerin Agnes sie fragt, warum sie in der Kirche ihre Krone ablege, antwortet ihr die Heilige, dass sie in der Gegenwart des Gekreuzigten nicht gekrönt stehen könne [2]). So wächst Elisabeth heran; aber ihr demuts-

---

[1]) Ed. Rieger, Bibl. d. litt. Ver. XC. Der Verfasser schöpft aus dem Lateinischen des Dietrich von Apolda; siehe Rieger, Einleitung 53 ff. Darüber, dass der Zug von Elisabeths Scheu vor der Ehe historisch unwahr, dass die, freilich schon seit ihrer Kindheit ernste, fromme und wohltätige Frau doch erst durch schwere Schicksalsschläge und einen fanatischen Beichtvater der Askese in die Arme getrieben wurde, s. W. Preger, Gesch. d. d. Mystik im Ma. I, 90. Daselbst auch viele Geschichten von religiös veranlagten Frauen, die schon in frühester Kindheit durch Visionen mit dem Übersinnlichen in Verbindung treten, dieser Welt absagen und sich ganz dem himmlischen Bräutigam ergeben.

[2]) Man denkt an Gottfried von Bouillon, der sich geweigert haben soll, an dem Orte, wo man dem Herrn des Himmels nur Dornen um die Schläfe gewunden habe, Zeichen und Titel irdischer Grösse anzunehmen (Raumer, Gesch. d. Hohenstaufen, I, 140).

voller Sinn und ihre Gleichgültigkeit gegen alles Weltliche erwecken Neid und Unzufriedenheit am Hofe. Das Gerücht geht sogar, dass Ludwig seine Braut verschmähe; die einen wollen Elisabeth ihrem Vater zurückschicken, die andern sie in ein Kloster tun. Elisabeth empfindet inmitten dieser Anfechtungen ihre Heimatlosigkeit, ergibt sich aber darein, eine Pilgerin auf dieser wechselvollen Erde zu sein; doch Ludwig ist ihr im Herzen treu, schliesst mit ihr die Ehe und erhebt sie zu neuen Ehren (665 ff.). In dieser Fassung des Lebens der Elisabeth wird die Heilige in ein anderes Licht gestellt als im Passional. Sind die Züge in der Kindheit die gleichen, so wird doch in den spätern Jahren hier Elisabeths Demut und Ergebenheit in ihr Schicksal besonders betont. Sie flieht die Welt nicht, sondern duldet darin, als Fremdling verachtet und verstossen. Ihre Ehe, die nach streng asketischem Ideal anstössig ist, wird hier rein und edel hingestellt, und Elisabeth freut sich der Liebe ihres Gatten, während das Passional behauptet, sie wäre lieber unverheiratet geblieben (619, 16 ff.).

Alexius[1]). Die acht mittelhochdeutschen Fassungen halten sich nur kurz bei der Kindheit des aus fürstlichem Geschlecht geborenen, sein Leben aber in freiwilliger Armut und Dürftigkeit zubringenden Heiligen auf; aber alle betonen die Frömmigkeit und Reinheit, die sich schon früh im Kinde gezeigt habe. Alexius hat eine reine, keusche Gesinnung; er vertieft sich in die Bücher der heiligen Schrift; aber, wie Herrmann von Fritzlar sagt (Massmann a. a. O. 186), der heilige Geist wirkt mehr in ihm denn die Buchstaben. In ihm keimt und wächst die göttliche Minne, die ihn dem Irdischen entfremdet. Trotzdem er vom zwölften bis zum zwanzigsten Jahre an des Kaisers Hof weilt und sich in allen Künsten der Ritterschaft standesgemäss üben muss, kann die Welt ihn nicht in ihre Netze verstricken; ihre Reize bestehen nicht für

---

[1]) Sanct Alexius' Leben, ed. Massmann, Bibl. d. gesamt. d. Nat. Litt. IX. Über die Quellenverhältnisse handelt Massmann 19 ff. Für die Jugendgeschichte des Alexius vgl. A. 167 ff., B. 55 ff., C. 40 ff., D. 122 ff., E. 102 ff., F. 72, G. 36 ff., H. II, 20 ff.

Den Alexius des Konrad von Würzburg hat neuerdings herausgegeben Henczynski, Berlin 1898. Nach ihm ist Konrads Quelle die von den Bollandisten aufgenommene Legende (S. 19). Die neu aufgefundene Sarner Hs. bringt u. a. einen Zusatz über die Amme des Alexius (87). In einem andern kommt das Bild von der Kerze vor, das bei Konrad fehlt (92).

ihn, und so verlässt denn der Jüngling in der Brautnacht auf immer seine Braut, sein Haus und Erbe, nachdem er der Geliebten am Bilde der Kerze die Hohlheit und Vergänglichkeit alles Irdischen dargelegt und ihren Blick auf das Unvergängliche gerichtet hat [1]).

Josaphat [2]). Im Ursprung eine Legende von Buddha, hat diese Sage früh eine christliche Umdeutung erfahren, indem der buddhistische Asket, welcher, ohne Hoffnung auf ein Jenseits, der gänzlichen Vernichtung stoisch entgegensieht, zum christlichen Asketen wird, der im Hinblick auf die ewigen Himmelsfreuden die vergänglichen irdischen verlässt. Aus dem Griechischen gelangte die Sage in ihrer neuen Gestaltung durch das Medium des Lateins zu den Völkern des Abendlandes, wo sie sich grosser Beliebtheit erfreute [3]).

Wie Alexius, verlässt Josaphat die irdischen Güter, um ein Leben der Entsagung und Dürftigkeit zu führen; aber während Alexius' Geist schon früh durch das Lesen der heiligen Schrift auf das Ewige gelenkt wird, soll Josaphat von allem, was zum Christenglauben gehört, ferne gehalten werden; denn sein Vater will nicht, dass die Weissagung in Erfüllung gehe, wonach Josaphat seines Vaters Reich um ein anderes verlassen wird (22, 9 ff.). Das verhasste Christentum werde der Königssohn einst begünstigen und erhöhen, hatte ein weiser Meister prophezeit; deshalb lässt der Vater das Kind mit sieben Jahren in einen Palast bringen, wo es von jedem christlichen Einfluss ferne gehalten wird, ja sogar vor jedem Anblick der Krankheit und des Todes, der die Augen für die Vergänglichkeit dieses Lebens auftun und eine Sehnsucht nach etwas Unvergänglichem erwecken könnte (22, 39 ff.). Aber diese Erziehung hat nicht die gewünschte Wirkung auf das Kind,

---

[1]) An Alexius erinnert der Schüler, Marias Bräutigam (Marienlegenden, ed. Pfeiffer, VII), insofern, als auch er seine Geliebte in der Brautnacht verlässt, allerdings nicht direkt um seiner Seligkeit, sondern um Marias willen.

[2]) Barlaam und Josaphat von Rudolf von Ems, ed. Pfeiffer, Dichtungen des d. Mittelalters, III. Rudolf benutzt eine lat. Quelle, die ihm durch Guido, Abt von Kappel, zugekommen war und angeblich auf das Griechische des im achten Jahrhundert lebenden Johannes Damascenus zurückgeht. Dass Rudolf diesen Johannes als Übersetzer ins Lateinische angibt, ist irrig (4, 25 ff.); siehe Pfeiffer, Einleitung VIII.

[3]) Siehe Cosquin, Contes Populaires de Lorraine, I, XXXXVII ff.

dessen reger Geist, von den Lehren weiser Meister gebildet und
entwickelt, sich über alles Rechenschaft zu geben anfängt, so dass
dem Vater bange wird. In seiner Abgeschlossenheit nachdenklich
geworden, stellt es eingehende Fragen an seinen Lehrer, der ihm
schliesslich die auf ihn bezügliche Weissagung und seines Vaters
Absichten offenbart. Hatte das Kind schon früher über Tag und
Nacht, Licht und Schatten nachgesonnen, so wird es jetzt noch
nachdenklicher, und nachdem es, trotz des Vaters Vorsichtsmass-
regeln, einen Aussätzigen, einen Blinden und bald darauf einen
vom Alter gebrochenen Greis erblickt hat, steigert sich die unbe-
stimmte Sehnsucht nach jenem Christenglauben, der ihm verborgen
bleiben soll und ihm doch die Lösung der schrecklichen Welträtsel
bringen könnte (24, 33 ff.). Als daher Barlaam sich in Kaufmanns-
gewand zu Josaphat geschlichen hat, um auf Gottes Geheiss den
Knaben im Christenglauben zu unterrichten, ist er empfänglich,
und wird von den Lehren und Gleichnissen des weisen Barlaam
mehr und mehr hingerissen (37, 3 ff.). Nicht plötzlich, unmotiviert
oder durch Wunder, wie so oft in legendaren Geschichten, wird
Josaphat bekehrt; langsam vorbereitet und herangereift, empfängt
er gläubig die christliche Lehre, die ihm Friede und Glück gewährt. Trotz aller Mittel, zu denen der untröstliche Vater greift,
um Josaphat von dem neuen Glauben abtrünnig zu machen, bleibt
der Knabe standhaft (207, 3 ff.). Er erringt sogar einen Sieg um
den andern, indem Nahor, der ihn, als Barlaam verkleidet, zum
Heidentum bekehren soll (228, 39 ff.), der Zauberer Theodas
(330, 39 ff.) und schliesslich selbst sein Vater zum Christentum
übertreten (346, 31 ff.). Auch die grösste der Anfechtungen besteht Josaphat; denn als man ihn durch die Minne zu Falle
bringen will, und das Erbarmen für die syrische Königstochter,
die ihm ihren Übertritt zum Christentum unter der Bedingung
verspricht, dass er das Beilager mit ihr halte, ihn einen Augen-
blick in seinem Vorsatze der Keuschheit schwankend gemacht hat,
erblickt er noch zur rechten Zeit in dem Engel des Lichtes, der
neben ihm sitzt, um ihn zu überreden, einen Teufel, und so bleibt
sein jungfräuliches Taufkleid unbefleckt (302, 33 ff.). In dieser
Weise verwirklicht Josaphat mehr und mehr das hohe Ideal, das
ihm sein Meister Barlaam vorgeführt hat, und nachdem er bis zu
seines Vaters Tode die Hälfte des Königreichs als milder Herrscher

verwaltet hat, verzichtet er mit fünfundzwanzig Jahren auf alles und bringt die übrigen fünfunddreissig Jahre seines Lebens in völliger Weltabgeschiedenheit zu (374, 5 ff.).

Der Grundgedanke des Josaphat wie des Alexius, ja aller Heiligengeschichten, findet sich in schlichter Form in dem schönen Märchen aus dem Paderbornischen, das von den Gebrüdern Grimm unter dem Titel: „Armut und Demut führen zum Himmel", mitgeteilt ist: „Es war einmal ein Königssohn; der ging hinaus in das Feld und war nachdenklich und traurig. Er sah den Himmel an, der war so schön, rein und blau; da seufzte er und sprach: „Wie wohl muss es einem erst droben im Himmel sein" (Massmann, Alexius 190).

Das unbefriedigte Sehnen der menschlichen Seele nach etwas Unvergänglichem, Ewigem wird hier auf die allereinfachste, schmuckloseste Weise zum Ausdruck gebracht. Diese Sehnsucht nach einem bessern Zustand wird bei den besprochenen Legenden schon in die Kinderseele verlegt, und aus diesem Seelenzustand lässt sich die ganze Handlungsweise der Kinder ableiten. Sie suchen ein unvergängliches Ideal und jagen ihm auf Kosten alles Irdischen nach. Das Kind hebt sich von seiner ganzen Umgebung ab. Es steht in unmittelbarer Beziehung zu seinem Gott; alles andere tritt in den Hintergrund, und selbst die zartesten Bande der Liebe und des Blutes werden gelöst, wo sie drohen, die Seele in ihrem Fluge zu hemmen und ans Irdische zu fesseln. Die Menschen des Mittelalters versetzen sich so ganz in diese Situation, dass sie die merkwürdige Stellung, welche solche heilige Kinder oft ihren Eltern gegenüber einnehmen, nicht befremdet. Dass der heiligen Margaretha ihr heidnischer Vater ganz gleichgültig ist (Pass. 327, 31 ff.), Christina den ihrigen, der sie vom Glauben abtrünnig machen will, mit dem Teufel vergleicht (Pass. 342, 75 ff.), Alexius das Herz seiner Eltern und seiner Braut bricht, Josaphat, der einzige, langersehnte Sohn, den Plänen des Vaters zuwiderhandelt und ihn bitter enttäuscht (206, 26 ff.), stösst die Menschen des Mittelalters keineswegs; denn sie sehen in dem Wege, den das Kind einschlägt, das eine, das Not ist, das Heil der Seele, und deshalb verliert daneben alles andere seine Geltung. Diese Anschauung findet ihren vollkommensten Ausdruck in den Worten Barlaams, die er zu Josaphat spricht:

III. Das Kind in der Legende.

> hât ein man ein liebez kint
> (als ie diu kint mit liebe sint),
> wil ez den lîp lâzen varn
> und die sêle wol bewarn,
> daz ist des vater herzeleit,
> doch sînes selbes saelikeit
> von dem leide hoehe sich;
> daz ez si leit, dêst menschlich;
> vil gotlich daz waere,
> daz ez nieman swaere.
> swer rehter liebe wolde jehen,
> der sold ez niht ungerne sehen.   192, 5 ff.

Die Gewissheit, dass der, welcher sein Leben dahingibt, selig ist, tröstet auch Engelhard, als er sich nach hartem Kampfe entschliesst, seine beiden Kinder zu töten, damit ihr Blut seinen Freund vom Aussatz heile; er sagt:

> ob si daz leben hie verzernt
> mit ir bluote si genernt
> sich selben vor der helle,   6151 ff.

und überredet sich zu der grausen Tat mit den Worten:

> ich sol den lichten himelhort
> koufen minen kinden.   6178 f.

Die Haupttugend also, welche diesen Heiligen gemeinsam ist, besteht in der Keuschheit und dem weltabgekehrten Sinne, und das Charakteristische für das Mittelalter liegt darin, dass diese Züge der Heiligen schon im Kinde sich zeigen. Die Kinder sind gleichsam zur Heiligkeit prädestiniert, und es fehlt nicht an Wundern und Zeichen, die ihre himmlische Bestimmung andeuten oder auf Gottes besondere Huld und Gnade dem Kinde gegenüber hinweisen. Auffallend ist schon der Umstand, dass die Kinder oft langersehnte oder von Gott erflehte sind, wie Alexius, Josaphat (7, 33 ff.), Eraclius (69 ff.), oder Maria in den apokryphen Büchern (Liber d. i. Kap. II). Dies mag wohl ein Anklang an die Geschichte hervorragender biblischer Personen sein, die oft auch solche Kinder des Gebets und der besondern Gnade Gottes sind, wie Isaak, Samuel, Simson oder Johannes der Täufer. Der Mutter des Dominicus und des Bernardus wird im Traume die Bestimmung des Kindes angedeutet. Erstere träumt, dass das Kind, welches sie gebären wird, eine brennende Fackel im Munde trägt, mit der es die Welt verbrennt (Pass. 354, 6 ff.), und die des Bernardus träumt, dass ihr Kind ein weisses Hündlein sein werde, dessen Gebell weithin erschallt, was ein weiser Mann ihr dahin deutet, dass aus ihrem Sohne ein Prediger werden soll (Pass. 395, 49). Bei Ambrosius wird der Bienenschwarm, der sich auf das in der Wiege schlafende Kind niederlässt, vom Vater als Zeichen gedeutet, dass aus seinem Sohne etwas Besonderes werden wird [1]) (Pass. 241, 24 ff.). Der blinde Klausner, der die Geburt des Remigius verkündigt hat, wird sehend, als seine Augen mit den Brüsten bestrichen werden, die das heilige Kind gesogen hat (Pass. 93, 49 ff.). Der ungläubige Vater des heiligen Vitus sieht des Nachts sieben Engel um das Bett seines Kindes stehen.

Werden diese Zeichen als unmittelbar von Gott kommende betrachtet, so geschehen andererseits, wenn auch nur selten, Wunder durch die Kinder selbst. Benedictus fügt durch seine Andacht, wie das Passional es ausdrückt, die zerbrochene Mulde seiner Amme zusammen (Pass. 217, 50 ff.; vgl. das Jesuskind, das den Kindern am Brunnen ihre Krüge flickt.). Der zwölfjährige Vitus heilt durch Gebet die gebrochenen Arme der Knechte, die ihn schlagen, befreit seinen Vater von Blindheit und treibt einen Teufel aus des Kaisers Kind aus (Pass. 301, 87 ff.). In diesen beiden Fällen wird deutlich hervorgehoben, dass nur durch Gebet die Wunder vollbracht werden. Häufiger als solche durch Gebet bewirkte Wunder begegnen bei den Kindern noch in den zartesten Jahren Züge, von denen schwer zu sagen ist, ob die mittelalterlichen Erzähler sich die Kinder durch Inspiration älter und weiser als ihre Jahre dachten, oder ob sie das von ihnen Erzählte ebenfalls als von Gott unmittelbar gewirkte Wunder auffassten. Dass der kleine Dominicus sich, nachdem man ihn weich gebettet hat, auf den Boden schlafen legt (Pass. 354, 69 ff.), und Elisabeth die Wände der Kirche küsst, als sie noch zu klein ist zu beten (Pass. 618, 34 ff.), lässt sich noch auf natürlichem Wege erklären, und allenfalls auch noch das Benehmen des Bernardus dem alten

---

[1]) Dasselbe wird von Pindar, Plato, dem heiligen Johannes Chrysostomus, Dominicus und Bernard von Clairvaux berichtet. Siehe Glock, Symbolik der Bienen, Heidelberg 1891, 201 ff.

Weibe gegenüber, von dem er sich losreisst, als sie ihren „Affensegen" über ihn sprechen will, um ihn von seinen Kopfschmerzen zu heilen (Pass. 395, 80 ff.). Ganz Übernatürliches wird dagegen vom heiligen Nikolaus erzählt, der in seinem ersten Bade aufrecht steht, um zu zeigen, wie er später Weltlichkeit und „Gemach" fliehen wird, und der schon an seiner Mutter Brust Mittwochs und Freitags nur einmal Speise zu sich nimmt (Pass. 6, 52 ff.)[1]. Dass der kleine Ambrosius seiner Schwester, die er des Bischofs Hand küssen sieht, zuruft, sie möge auch ihn küssen, wird als Weissagung aufgefasst, die später in Erfüllung geht (Pass. 241, 60 ff.; vgl. 244, 94 ff.).

Überall tritt uns die Tendenz entgegen, das Wunderbare in der Kindesnatur hervorzuheben, und diese geheimnisvollen Züge im unmündigen Kinde begegnen auch sonst da und dort in der Legendenlitteratur. Das drei Monate alte Kind der Witwe beruft der heilige Georg[2], der es von Blindheit und Verkrüppelung geheilt hat (2124 ff.), vor den Kaiser Dacian. Als die Mutter ihm Georgs Befehl mitteilt, fragt das in die Wiege gebundene Kind, ob die Mutter es tragen solle, oder ob er ihm zu gehen oder gar zu fliegen geboten habe. Auf die Antwort der Mutter hin macht sich das Kindchen auf den Weg, schreitet durch die Menge bis zu Georg, bekennt, dass dieser ihn durch Christum geheilt habe, und geht dann auf Georgs Befehl in den Tempel Apollos, um den Abgott zu holen, den es vor sich her treibt bis in des Kaisers Palast (3115 ff.). Als Ambrosius zum Bischof erwählt werden soll, und das Volk, in zwei Parteien geteilt, noch zögert, die Wahl zu bestätigen, erhebt sich eine zarte Kinderstimme aus der Menge, die gebietet, man solle Ambrosius zum Bischof erwählen, worauf er zu seiner Würde erhoben wird (Pass. 242, 48 ff.). Eine Vision des verklärten Ambrosius erblicken nur die durch den Taufakt von Sünde gereinigten kleinen Täuflinge, die mit ihren Fingerchen auf ihn zeigen (Pass. 252, 60 ff.). Im Leben des heiligen Bernardus kommt die Geschichte von einem kleinen Knaben vor,

---

[1] Von dem Nicolaus, den Bartsch dem Konrad von Würzburg zuschreibt (Bartsch, K's v. W. Partonopier, S. 336), ist nur der Schluss der Kindheitsgeschichte erhalten. Vgl. Z. f. d. A. XIX, 228, XXI, 417. Z. f. d. Ph. IX, 125. Germ. XXIX, 36 ff.

[2] Der Heilige Georg des Reinbot von Durne, ed. Vetter, Halle 1896.

dessen Brüder, der Welt Güter verlassend, ihn beim Abschied glücklich preisen, dass ihm nun das ganze väterliche Erbe zufallen soll. Das Kind aber antwortet, wie der Dichter selbst sagt, auf unkindliche Weise ganz vorwurfsvoll, dass die Brüder sich das Himmlische erkoren und ihm nur das Irdische gelassen hätten, was ein ungleicher Teil sei (Pass. 399, 68 ff.). Von Moses wird ein merkwürdiger, apokrypher Zug erzählt. Das von Pharaos Tochter gerettete Kind findet am Hofe Wohlgefallen. Als aber Pharao ihm eines Tages eine goldene Krone aufsetzen will, zerbricht sie das Kind, weil ein Götze darin eingegraben ist. Dieses Verfahren deutet ein Wahrsager dahin, dass das Kind dem Könige gefährlich werden und seine Götzen zerstören wird. Er rät es zu töten; aber Pharao heisst einen glühenden Brand bringen, und sagt, das Kind solle nur dann sterben, wenn es das Feuer scheue, und dadurch bekunde, dass es wisse, was es tue. Der kleine Moses verheimlicht seine Weisheit und rettet sich dadurch, dass er den Brand in den Mund steckt und sich verbrennt, wodurch er seitdem stottert [1]).

Als ein übernatürlicher Zug muss auch die Gabe des sonderbaren Kindes Eraclius gelten, das den Wert der Steine, der Pferde und der Frauen beurteilen kann [2]). Dieser dem Ursprung nach byzantinische Stoff ist, wie schon Gervinus bemerkt (I. 4. Aufl. 485), schwer unter irgend eine Kategorie zu bringen, und Eraclius kann auch in der Tat nur wegen dieser seiner übernatürlichen

---

[1]) Deutsche Gedichte des XI. und XII. Jahrhunderts, ed. Diemer, 33, 13 ff. Jansen Enikel erzählt diese Geschichte in seiner Weltchronik (ed. Strauch 6189 ff.) mit einigen Abweichungen. Der dreijährige Moses reisst in seinem Mutwillen Pharao an seinem Geburtstage die Krone vom Haupt. Vgl. Strauchs Anmerkung zu 6182.

[2]) Eraclius, ed. Massmann, Bibl. d. gesamt d. Nat.-Litt. VI. Meister Otte schöpft aus dem Eracles des Gautier d'Arras; siehe Massmann, Vorwort IX; vgl. die Geschichte des Eraclius in Enikels Weltchronik 20422 ff. Bei Gelegenheit des Eraclius sei hier das allerdings keineswegs zu den Legendenkindern gehörige, aber wegen seiner Weisheit an Eraclius erinnernde Kind Papirius erwähnt, das seinen Vater in den Senat begleitet und alle Verhandlungen dort versteht; siehe Das Schachzabelbuch Kunrats von Ammenhausen, ed. Vetter, Bibl. d. ältern Schriftwerke d. d. Schweiz, Ergänzungsband 3060 ff. Das Schachzabelbuch Heinrichs von Beringen, ed. Zimmermann, Bibl. d. litt. Ver. CLXVI, 950 ff. Enikels Weltchronik 23453 ff. Vgl. Strauchs Anmerkung zu 23441 und 23563.

Gabe, und einer Episode seines spätern Lebens — der Auffindung des heiligen Kreuzes — auf die Zugehörigkeit zur Legendenlitteratur Anspruch machen.

Bei den eben erwähnten Kindern fehlt trotz aller merkwürdigen Züge, welche die Legende von ihnen berichtet, ausser vielleicht im Leben der heiligen Elisabeth, die Darstellung des inneren Geisteslebens der Kinder. Eine solche begegnet uns in der Geschichte vom Jüdel[1]), die zu den von Maria erzählten Wundern gehört und dem Passional entstammt. Ein Jude schickt sein achtjähriges Söhnchen in eine christliche Schule, wo es sich in allem zu den Gespielen gesellt und auch mit ihnen zur Kirche kommt, an deren Eingang sich alle vor Marias Bild neigen müssen. Als der Knabe erfährt, dass Maria Gottes Mutter ist und denen, die ihr dienen, mit ihrer Hilfe beisteht, entflammt sich sein gläubiges Herz für die Jungfrau. Andächtig weilt er vor ihrem Bilde und aus den Falten ihres Gewandes entfernt er, liebevoll besorgt, Staub und Spinneweben. Allmählig wird im Kinde die Verehrung Marias zur Glaubens- und Überzeugungssache; aber der jüdische Vater erfährt nichts von allem, was in seinem Kinde vorgeht, bis es an einem Ostertage spät heimkommt, nachdem es dem Hochamt der Christen beigewohnt hat, und dem Vater, der es bedauert, weil es noch nichts gegessen habe, in kindlicher Einfalt erzählt, dass es edle Speise genossen; denn das Kind hatte sich, den Blick auf den Altar gewandt, glaubensvoll in die heiligen Mysterien so vertieft, dass es seiner Sehnsucht, die himmlische Speise auch zu geniessen, nachgebend, unter der Menge auch zum Tische des Herrn herangeschlichen war. Die Verzweiflung des Vaters und sämtlicher Juden ist gross, und als das angefochtene Kind standhaft bleibt und Maria nicht verfluchen will, wird es in den Ofen geworfen. Aber nun erzeigt Maria ihre Hilfe dem Kinde, das ihr treu gedient hat. Sie erscheint ihm in der Glut und nimmt es in ihre Arme, so dass das Feuer ihm nicht schaden kann. Als die Juden bald darauf das Kind unversehrt im Ofen erblicken, stürzt der unglückliche Vater, der sein Kind der Rache seines Volkes überlassen hat, hinzu; aber seine Herzensblindheit verhindert ihn daran, Maria zu erblicken, und das in ihren Armen

---

[1]) Marienlegenden, ed. Pfeiffer XXV; andere Darstellung bei Hahn, Gedichte des 12. und 13. Jh.'s, S. 129 ff.

sichere Kind will nicht mehr zu den Juden herauskommen. Es verlangt, die Christen sollen ihn holen: der Bischof erscheint an ihrer Spitze und trägt das Kind unter Gesang und Freudengeschrei zur Taufe in die Kirche. Obgleich die Hauptsache an der ganzen Geschichte offenbar die Verherrlichung der Maria sein soll, die, wie der Passional-Dichter häufig wiederholt, ihre Hilfe jedem widerfahren lässt, der ihr treu dient, die sogar ein so Kleines nicht vergisst, wie die Darstellung bei Hahn es hervorhebt (134, 67 ff.), so ist dennoch das Kind mit solcher Innigkeit gezeichnet, dass man seinesgleichen nicht leicht in der Legendenlitteratur finden wird. Denn weder das Wunder, das dem Kinde widerfährt, steht im Vordergrund, noch begegnet an dem Knaben irgend ein stereotyper Heiligenzug; im Gegenteil ist es die Schilderung des echt kindlichen Glaubenslebens, das seinen Lohn empfängt, welche diese Geschichte so schön und rührend macht, dass sie wohl verdient, über die meisten Heiligengeschichten von Kindern gestellt zu werden. Und wenn die lateinische Fassung „De puero Judaeo", welche Pfeiffer mitteilt [1]), die Quelle der deutschen Fassung ist, dann muss gerade das Schöne an der Geschichte — die Entwicklung des Glaubens im Kinde — als Verdienst des deutschen Dichters gelten, da die lateinische Version erst mit dem Ostertage beginnt, an dem der Vater die christliche Gesinnung seines Kindes entdeckt.

Der tief mystische Zug, der allen Legendenkindern gemeinsam ist, hat zuerst etwas Befremdendes, entspricht aber vollständig dem Charakter des Mittelalters, wofür nicht bloss das Wesen der religiösen Dichtung, sondern die Geschichte selbst zeugt. Wenn der Hirtenknabe Stephan Tausende von Kindern um sich schart, um das gelobte Land zu erobern, oder der noch nicht zehnjährige Nikolaus an der Spitze einer bunten Menge von Knaben und Mädchen nach Italien pilgert, um von dort trockenen Fusses nach Palästina überzusetzen [2]), so ist das ein klarer Beweis dafür, wie

---

[1]) 274 f. Vgl. Vorwort XIX.
[2]) Kugler, Geschichte der Kreuzzüge, Berlin 1880, S. 306 ff. „Ein Knabe liess sich nach dem Muster frommer Büsserinnen in eine Zelle mauern und sass sieben Jahre darin. Uns freut zu lesen, dass diese Qual dem Armen endlich zu gross wurde, und dass er so lange weinte, bis man ihn herausliess" (G. Freytag, Bilder aus d. d. Vergangenheit I, 247 f.).

verschieden jene Kinder von denen unserer Zeit waren. Der Ausgangspunkt für diesen Mysticismus im Kinde ist wohl in der tiefen Auffassung zu suchen, die das Mittelalter von dem unschuldsvollen Wesen des Kindes hat, das noch keine Sünde kennt, und deshalb eine geeignete Stätte für das Wehen und Wirken des heiligen Geistes ist. Eine solche Auffassung ist gewiss keiner Zeit und keinem Volke fremd gewesen, und schon der Psalmist 8, 3 verleiht derselben Ausdruck in den Worten: „Aus dem Munde der jungen Kinder und Säuglinge hast du dir eine Macht zugerichtet", und Christus spricht: „Lasset die Kindlein zu mir kommen und wehret ihnen nicht; denn solcher ist das Reich Gottes" (Markus 10, 14.).

Eigen ist es jedoch, wie sehr die Menschen des Mittelalters diese Seite der Kindesnatur betonen und herausarbeiten, bis sie schliesslich sogar einem Kreuzzuge, der die Kinder ins sichere Verderben führt, nicht mehr mit kritischer Abwehr gegenübertreten können, und ebenso in der Litteratur den Auswüchsen der mystischen Tendenz nicht Einhalt zu tun vermögen, sondern denselben Glauben und Verehrung zollen. Dass die Kinder Wunder tun oder Gott durch Träume und Zeichen ihre Bestimmung andeutet, ist dem Sinne und Glauben des Mittelalters gemäss. Der Wunderglaube ist ihm Bedürfnis, und die Wunder sind ihm der einzige Ausdruck und Beweis für das Glaubensleben und für die richtige Stellung des Menschen zu Gott. Die meisten Wunder aber, die von einem Kinde erzählt werden, sind immer charakteristisch für seine spätere Entwicklung; denn wie in der besprochenen Heldenlitteratur, zeigt sich auch hier die Tendenz, den erwachsenen Menschen im Kinde anzudeuten. Wie die Ritterromane liebt es auch die Legende, schon die Eltern ihrer Helden vorzuführen, und sind diese schon vortrefflich und tugendhaft, so kann die Heiligkeit beim Kinde nicht ausbleiben. Der Passional-Dichter rühmt z. B. die Eltern des heiligen Bernardus (395, 8 ff.) und Nikolaus (6, 6 ff.), in dessen Biographie er in Bezug auf die Eltern ausruft:

> *nu seht des boumes edelkeit!*
> *ein edel boum git edele vrucht.*   6, 30 f.

Ebenso werden die Eltern des Alexius und des Eraclius gerühmt. Stammen dagegen die Heiligen von bösen oder heidnischen Eltern ab, so wird ihr Wandel als besonderes Wunder aufgefasst, wie z. B. bei dem Märtyrerkind Vitus, wo der Passional-Dichter sagt:

> *unsern herren gezam,*
> *daz ein tugende wilder stam*
> *an allen tugenden bequam*
> *durch sine hohe gute.* 301, 12 ff.

In der Regel aber bringt ein unedler Stamm keine Tugend hervor, und so knüpft sich häufig an die im Gegensatz zu den Heiligen stehenden, gleichsam zum Bösen prädestinierten Menschen eine in dunkeln Farben gemalte Vorgeschichte [1]). Die Vertreter dieser Idee von der Prädestination zum Bösen sind in der Litteratur des Mittelalters Kain, der erste Mörder, Pilatus, der ungerechte Richter, und Judas, der Verräter. Diese werden im Laufe der Zeit schon als Kinder zu wahren Typen der Bosheit, wie Christus[2]) und Maria schon als Kinder Typen der Heiligkeit sind [3]).

Kain. Die im sechszehnten Jahrhundert so verbreitete und beliebte Sage von den ungleichen Kindern Evas begegnet uns, wie Jakob Grimm konstatiert[4]), nirgends in der mittelhochdeutschen Litteratur. Hans Sachs hat diese Sage dreimal bearbeitet; in einem

---

[1]) Ehe ich zu dieser andern Kategorie von Legendenkindern übergehe, erwähne ich hier noch Isaak, dessen Aufopferungsgeschichte Enikel 3597 ff. ausführlich mit bedeutenden Erweiterungen erzählt, indem er namentlich das Kind in rührender Weise den Vater um sein Leben anflehen lässt; vgl. Strauchs Anmerkung zu 3639. Isaak und Ismahel kommen auch im Moses der Vorauer Hs. vor, ed. Diemer 18, 8 ff. Hier sei noch ein anderes Kind erwähnt, das sich in keiner Kategorie unterbringen lässt und ganz passiv bleibt: Uote, die Nichte der h. Kunigunde, die von dieser einen Backenstreich erhält, weil sie ihr Benedicite vergessen hat, und die Spur der Finger der Heiligen, die sie geschlagen hat, zeitlebens an ihrer Wange trägt; siehe Ebernands von Erfurt Heinrich und Kunigunde, ed. Bechstein, Bibl. d. ges. d. Nat. Litt. XXXIX, 3701 ff.

[2]) Einen andern Gegensatz zu Christus bildet in der Sage Merlin, Sohn eines Luftgeistes, eines Incubus, von den Teufeln erschaffen, um Gott zu betrügen; siehe Birch-Hirschfeld, Die Sage vom Gral, Leipzig 1877, 166 ff. Über die deutsche Version in Ulrich Füetrers Buch der Abenteuer s. Spiller, Z. f. d. A. XXVII, 166 ff.

[3]) Enikel 22951 ff. berichtet auch über Neros Kindheit. Der Knabe zeichnet sich durch seine Bosheit aus, namentlich seinem Lehrer gegenüber, den er töten lässt, nachdem er zur Herrschaft gelangt ist; vgl. Strauchs Anmerkung zu 22951.

[4]) Grimm, Die ungleichen Kinder Evas, Z. f. d. A. II, 257 ff.; siehe 265.

Spiel, einer Komödie und einem Schwank. Er nennt in seiner Komödie das Latein des Philipp Melanchthon als Quelle und führt auch den Schwank auf gelehrte Überlieferung zurück; aber Grimm (a. a. O. 260) weist nach, dass der Stoff absolut nicht ursprünglich von Melanchthon ausgegangen ist. Wichtiger als Spiel und Schwank [1]), in denen es sich nur um die schönen und ungestalten Kinder Evas handelt, die Gott je nach ihrer Befähigung zu verschiedenen Ständen bestimmt, ist die Komödie [2]), in welcher sich der Unterschied der ungleichen Kinder nicht bloss auf Schönheit und Begabung erstreckt, sondern dieselben in böse und gute geteilt sind, und zwar tritt Kain an der Spitze der bösen, ungeratenen Kinder gegenüber dem frommen Abel und seinen guten Brüdern auf. In Kain sind schon alle Züge des Missetäters vereinigt. Er will nichts von Gott und seinem Besuch bei den Eltern wissen, treibt sein Spiel mit losen Buben auf der Gasse, spottet des Herrn und pflegt mit dem Satan Umgang. Seine Gebete sagt er verkehrt, und als Abel von Gott zum Priester und Lehrer seiner ungezogenen Brüder geweiht wird, erwacht Neid und Hass in seinem Herzen, die ihn bald zum Morde Abels verleiten, und mit dieser Greueltat schliesst die Komödie [3]).

Pilatus. Schon in älterer Zeit verbreitet ist die Sage von Pilatus, die u. a. in einem mittelhochdeutschen Gedichte als Fragment erhalten ist [4]). Tyrus, König von Mainz, liest in den Sternen, dass, wenn eine Frau zur Stunde von ihm empfange, sie ein Kind gebären werde, das auf Erden mächtig sein solle. Pyla, die Tochter eines armen Mannes namens Atus, wird ihm in das einsame Jagdhaus zugeführt, und von ihr wird Pilatus geboren, so benannt nach seiner Mutter und seinem Grossvater, der ihn auf des Königs Geheiss an seinen Hof bringt, als er alt genug ist, die Mutter zu verlassen. Hier gerät er in Streit mit seinem Halbbruder und erschlägt ihn. Darauf als Geisel den Römern geschickt, tötet er in einem Zwist den Königssohn Paynus, worauf ihn die entsetzten

---

[1]) Ed. Keller, Bibl. d. litt. Ver. CXXV, 354 ff.
[2]) Ed. Keller, Bibl. d. litt. Ver. CII, 53 ff.
[3]) In der Geschichte von Adam und Eva (V. d. Hagen, Gesamtabenteuer I, I) kommt ein sonderbarer, mir unerklärlicher Zug von Kain vor: gleich nach der Geburt läuft er ein Kräutlein pflücken, das er seiner Mutter bringt (376 ff.).
[4]) Müllenhoff, Altdeutsche Sprachproben 101 ff.

Römer nach Pontus schicken, um ihn los zu werden. Dort gelingt
es ihm, das wilde Volk zu unterjochen, was ihm den Beinamen
Pontius und einen grossen Ruhm als Feldherr einträgt.
Mit seiner Berufung nach Palästina durch Herodes bricht das Fragment ab [1]).
Créizenach hat über die Pilatus-Legenden und Sagen ausführlich
gehandelt [2]). Er weist zunächst darauf hin, dass die Sage keine
eigentlich volkstümliche ist und auch kein hohes Alter beanspruchen
darf, da in den ersten Zeiten des Christentums Pilatus nicht so
ungünstig beurteilt wurde, weil man grosses Gewicht darauf gelegt
habe, die Meinung des Richters Christi dem Christentum günstig
darzustellen (91). Vor allem gehöre die Ausbildung der Kindheitsgeschichte einer relativ späten Zeit an und gehe aus einer Tendenz
hervor, die Biographie des Pilatus zu ergänzen und abzurunden
(102) [3]). Züge wie der Brudermord oder die Deutung des Namens
Pontius zeugen für ein gelehrtes Sagengebilde; denn die Versenkung
des Leichnams des Pilatus in den Tiber erinnere an die alte römische Bestrafung des Parricidiums, und die Namengebung Pontius
bekunde die Kenntnis der römischen Sitte, Feldherren und Staatsmännern nach gewonnenen Schlachten Beinamen zu erteilen (102).
Immerhin ist es interessant, hier, wenn auch bei einer gelehrten
Sagenbildung, die Tendenz wahrzunehmen, den Charakter des Menschen in der Kindheit anzudeuten und zu sehen, wie der falsche
Richter und spätere Selbstmörder als Kind zum Verbrecher gestempelt wird. Creizenach (98) weist darauf hin, dass das Mittelalter einen besondern Abscheu vor Selbstmördern hatte; diese Tat
des Selbstmordes bringt Pilatus, nebst dem, dass Beide an Christi
Tod schuld sind, mit Judas in Verbindung. In Barlaam und Josaphat u. a. werden diese beiden Namen (283, 1) zusammen unter
einer Menge von Unseligen aufgezählt.

---

[1]) Enikels Berichte über Pilatus weichen etwas ab. Hier schickt Atus
(denn so heisst der König, nicht der Grossvater) Pilatus auf eine wilde Insel,
nachdem er seinen Halbbruder erschlagen hat. Dort nimmt sich ein *wildenaere*
seiner an; nach seines Vaters Tod gelangt er zur Herrschaft. Später gibt er
sich den Tod, indem er sich mit dem Schwerte durchbohrt, 19852 ff.; vgl.
Strauchs Anmerkung zu 19853.

[2]) P. B. B. I, 89 ff.; vgl. dazu Schönbach, Anz. f. d. A. II, 328 f.

[3]) Was Creizenachs Ansichten über die Geburtsgeschichte des Pilatus betrifft, s. o. S. 2, Anm. 1.

III. Das Kind in der Legende.

Wie die Sage von Pilatus, ist auch die von Judas, welche Constans in seinem Buche über die Oedipus-Sage [1]) behandelt, nie volkstümlich geworden. Da sie sich in keiner deutschen Bearbeitung findet, verdient sie nur nebenbei wegen ihrer interessanten Beziehung zur Pilatussage einerseits und zur Gregoriussage andererseits eine Erwähnung. Ein Unstern waltet schon über Judas' Kindheit. Von seinen Eltern auf dem Meere ausgesetzt, weil die Mutter geträumt hat, das Kind werde Unglück über ihr Haus bringen, wird Judas von der Königin der Insel Iscarioth an Kindesstatt angenommen, erschlägt aber ihren Sohn, wie Pilatus seinen Halbbruder. Seine spätere Geschichte hat sich mit der alten Oedipus-Sage verflochten, indem er unwissentlich seinen Vater tötet und seine Mutter heiratet.

Diesen letzten Sagenzug hat Judas mit Gregorius gemein, der eine Mittelstellung zwischen den Bösen und den Heiligen einnimmt, insofern als er durch sein Verbrechen ein Übeltäter, durch seine Busse ein Heiliger wird, weshalb ihn denn auch Hartmann (3829) bezeichnend den guten Sünder nennt.

Gregorius [2]). Von einem Geschwisterpaar gezeugt, wird Gregorius in einem Kästchen auf dem Meere ausgesetzt und von Fischern gefunden; ein Abt entdeckt ihre Beute und erfährt durch die Tafeln, welche sich neben dem Kinde befinden, seine traurige Geschichte. Er nimmt es an, gibt ihm in der Taufe seinen Namen und lässt es von den Fischersleuten aufziehen. Mit sechs Jahren wird es in die Klosterschule geschickt, wo es sich vor allen andern Kindern auszeichnet. Mit elf Jahren der beste Grammatikus in der Schule, vertieft sich Gregorius darauf in die Gottes- und Rechtsgelehrsamkeit und ist auf dem besten Wege, ein gelehrter Geistlicher zu werden, als er durch die Geschwätzigkeit der Fischersfrau seine Geschichte erfährt. Nun will er nichts mehr vom stillen Kloster wissen. Der angeerbte Drang nach Ritterschaft macht sich geltend, und nachdem der Abt umsonst versucht hat, ihn von seinem Vorhaben zurückzuhalten, stürmt er in die weite Welt hinaus.

---

[1]) Constans, La Légende d'Oedipe, Paris 1881, 95 ff.

[2]) Hartmanns Quelle ist das französische Gedicht Vie du pape Grégoire le Grand aus dem zwölften Jahrhundert. Eine genaue Vergleichung von Hartmanns Gedicht mit dieser seiner Quelle bei Piquet, Etude sur Hartmann d'Aue p. 252 ff.

Gregorius lässt sich schwer in irgend eine Kategorie von Kindern einordnen. Seine vielseitige Erziehung erinnert an Tristan, und der unwiderstehliche Drang nach Ritterschaft kennzeichnet ihn als höfisches Kind. Wie Tristan zuerst ein wohlerzogenes Kind und dann ein glänzender Ritter, steht Gregor später zu diesem, in seiner Leidenschaft untergehenden Menschen in direktem Gegensatz; denn er bekämpft seine Liebe und legt sich für sein Verbrechen eine schreckliche Busse auf, worauf er, ähnlich einem Hiob, in diesem Leben noch gute Tage sieht und, auf den päpstlichen Stuhl erhoben, der Menschheit Segen spendet. Erst die siebzehn Jahre der Busse und sein seliges Ende erwerben also Gregorius den Ruhm, unter die Heiligen zu gehören. In seiner Geschichte ist nach Constans (a. a. O. 127 ff.) ein Zusammenhang mit dem Oedipus-Motiv nicht nachweisbar [1]. Obgleich die auf Gregorius als Kind eines Geschwisterpaares und Gatten seiner Mutter ruhende Schuld an die heidnischen Schicksalsmächte zu erinnern scheint, liegt doch der Legende (Constans a. a. O. 127 f. nach Comparetti) eine christliche Idee zu Grunde; denn statt dass der Mensch dem blinden Schicksal verfällt, tritt ihm hier die unendliche Gnade Gottes entgegen, vor dem keine Schuld so gross ist, dass er sie nicht tilgen könnte. Von diesem Gedanken geht der fromme Hartmann (3811 ff.) aus, und dieser Gedanke ist es auch wohl allein, der ihn für einen sonst an und für sich wenig ansprechenden Stoff begeistern konnte.

Also auch der grösste Sünder kann selig werden; aber nach mittelalterlicher Anschauung nur durch ein Leben der Entsagung, durch die schrecklichste Entäusserung und Selbstpeinigung, und diese Askese, die den Menschen durch Gottes Gnade von Sünde befreit, stempelt ihn zugleich auch zum Heiligen. Das führt auf das mittelalterliche Ideal der Heiligkeit und Vollkommenheit noch einmal zurück. Wie aus diesem ganzen Legendenkapitel hervorgeht, ist das Ideal der Heiligkeit ein durchaus asketisches. Es gibt keinen Mittelweg. Ein heiliges Leben in der Welt zu führen ist ausgeschlossen. Die Welt muss geflohen werden, und alle ihre Genüsse sind verdammt. Eine tiefe, unüberbrückbare Kluft besteht

---

[1] Seelisch, Die Gregoriuslegende, Z. f. d. Ph. XIX, 385 ff. ist derselben Ansicht.

zwischen Welt und Gott, und dem Mittelalter bleibt so zu sagen nur die Wahl zwischen zwei Idealen übrig, dem weltlich-ritterlichen und dem geistlichen. Will der junge Knappe vor dem Ritterschlag nichts von *gemach* wissen, so ist auch der junge Asket zu jeder Entbehrung bereit und gibt seinem Leibe Gott zu Liebe ein *unsanftes leben* (Barlaam und Josaphat 164, 6 ff.)[1]. Es gibt nur eine Alternative, der Welt Lohn oder Gott dienen, und dasselbe gilt auch für die göttliche und weltliche Minne. Der Heilige darf nichts von dem suchen und geniessen, was dem Ritter so reichlich auf seinen Abenteuern zu teil wird. Der Kontrast zwischen dieser göttlichen und weltlichen Minne findet sich in zwei von unsern grössten Dichtern gezeichneten Kinderfiguren widergespiegelt: Wolframs Obilot ist ein reizendes Bild des nach irdischer Minne dürstenden Mädchens, und Hartmanns Heldin, die ihr Herzblut für den armen Aussätzigen opfern will, ein ebenso liebliches Bild des heiligen Kindes, das bereit ist, alles für die himmlischen Freuden dahinzugeben.

Die Vergänglichkeit des Irdischen, welche Josaphat zu dem Ausruf veranlasst:

owi, owé der nôt,
daz dirre werlde git der tôt
nâch liebe ein endelîchez leit   34, 21 ff.

— Worte, die so oft durch die alte Litteratur klingen und ihren tragischsten Ausdruck in dem grossen Nationalepos finden — diese Vergänglichkeit ist es, die den unbefriedigten Menschen von der Welt und dem Glanze des Ritterlebens abwendig machen, um ein Unvergängliches zu suchen. Aus dem Ritter wird der Mönch, und diese Wandlung findet ihr Analogon auf litterarischem Gebiete, wenn ein Dichter, der dem weltlichen Ideal gehuldigt und das abenteuerliche Ritterleben verherrlicht hat, um seinen Leichtsinn zu büssen, sich einem heiligen Stoffe zuwendet und der Verherrlichung eines höhern Ideals seine Gaben weiht. Konrad von Fussesbrunnen klagt am Eingange seines Gedichtes (66 ff.), dass er seinen Sinn auf der Welt Lohn und nicht auf Gott gerichtet habe, und greift darauf zur Kindheit Jesu, gleichsam um seine frühern Ver-

---

[1] Beim heiligen Martinus führt der Passional-Dichter 593, 10 ff. das Bild der Ritterschaft, ins Geistige übertragen, aus. Der miles christianus des Paulus (Epheser 6, 11 ff.) mag wohl hiezu den ersten Anlass gegeben haben.

gehen gut zu machen. Ähnlich Meister Otte, der im Anfang des Eraclius klagt, seine Pfunde nicht treu verwaltet zu haben, und gewiss mit gleicher Absicht wie Konrad an seinen legendaren Stoff geht. Auch Rudolf von Ems (Baarlam 5, 10 ff.) und Hartmann (siehe Anfang des Gregorius) scheint ein Gefühl der Reue zu ihren Werken zu veranlassen, und der leichtlebige Schüler Gottfrieds, Konrad von Würzburg, besingt den grössten der Asketen, Alexius, allerdings nicht aus einem Impuls der Reue, aber, wie er bekennt, damit man durch die Lektüre des Lebens dieses heiligen Mannes und durch sein Beispiel gebessert werden möge, und weil derjenige, der die Jugend des Alexius beherzige, an guten Dingen gestärkt werden könne (Henczynski 42 ff.).

Schon der Umstand, dass die Dichter gleichsam als Busse für ihre Vergangenheit zu diesen legendaren Stoffen greifen, legt den Gedanken nahe, dass die in religiöser Beziehung so abhängigen Menschen jener Zeit sich auf diesem für sie geheiligten Gebiete nicht frei bewegen. Die Legende mit ihren Wundern ist ihnen ein Teil ihrer Religion, vor der sie sich demütig beugen, ohne Kritik zu wagen. Sie geben daher meist nur wieder, was sie gefunden haben, und betrachten die Vertiefung in ihren Stoff und die Bearbeitung desselben für die Erbauung Anderer als einen religiösen Akt.

Ihre Werke und folglich auch ihre Kinderfiguren, mit denen wir es ja vor allem zu tun haben, können daher nicht als volkstümlich betrachtet werden, und man darf nichts speziell Deutsches hinter ihnen suchen. Dennoch kann man die Legendenlitteratur keine fremdländische nennen; denn, aus der Kirche entsprungen und in der Sprache der Kirche, dem Lateinischen, verfasst, ist sie früh zum Gemeingut der christianisierten Völker geworden und bringt ihre geistigen Ideale zum Ausdruck, in denen die Einheit der religiösen Anschauungen die Schranken der Nationalität durchbrochen hat. Das ganze Kapitel über das Kind in der Legende darf daher noch weniger als die beiden andern als ein Beitrag zur Geschichte des deutschen Kindes gelten, sondern stellt vielmehr dar, wie das Mittelalter die religiös-mystische Seite der Kindesnatur aufgefasst und entwickelt hat.

Die Unversöhnlichkeit von weltlichem und geistlichem Ideal sticht in der Litteratur besonders hervor; wiederholt befassen sich

III. Das Kind in der Legende.

aber auch die Dichter des Mittelalters mit dem Problem, wie Ehre, Gut, Gemach und Gottes Huld zu vereinigen seien, ohne jedoch zu einem befriedigenden Resultate zu gelangen. Walther (8, 4 ff.) klagt über die schlimmen Zustände der Zeit und glaubt an keine Versöhnung zwischen Ehre, Gut und Gottes Huld, so lange Untreue herrsche, Gewalt auf der Strasse sei, und Friede und Recht verwundet darnieder liegen, und Ulrich von Lichtenstein (589, 19) macht im Rückblick auf sein Leben die ernste Betrachtung, dass der, welcher Ehre, Gemach, Gut und Gottes Huld haben wolle, aller vier verlustig gehe und sein Leben versäumt habe. Wie ich schon früher angedeutet habe, bildet ein versöhnendes Element in der Litteratur einzig Parzival, insofern als er den Genuss irdischer Liebe mit Gottes Huld vereinigt. Die schönen Worte:

Diu minne hât begriffen daz smal und daz breite.
minne hât ûf erde hûs: ze himel ist reine für got ir geleite.
minne ist allenthalben, wan ze helle,   Tit. 51.

sprechen Wolframs hohen Begriff von der Liebe aus und erklären zur Genüge, wieso der Dichter den Gatten Condwiramurs zum geheimnisvollen, die höchste Stufe menschlicher Vollkommenheit versinnbildlichenden Königtum des Grales gelangen lassen konnte, während, wie Hertz (Parzival 447) zeigt, über den von Geistlichen geschriebenen französischen Gralromanen eine düstere Weltanschauung lastet, und Parzival hier nicht verheiratet ist. Diese Ethik Wolframs stellt ihn über seine Zeitgenossen. Trotzdem Wirnt von Gravenberg von ihm rühmt:

„*sîn herze ist ganzes sinnes tach;*
leien munt nie baz gesprach,"   Wig. 6345 f.

wird er wohl kaum in seiner ganzen Tiefe von seinen Zeitgenossen verstanden worden sein; jedenfalls gab es deren genug, die, an seiner dunkeln Sprache Anstoss nehmend, ihn nie zu würdigen verstanden und mit Gottfried über seine *maeren* spotteten:

wir enmugen ir dâ nâch nit verstân,
als man si hoeret unde siht;
sone hân wir ouch der muoze niht,
daz wir die glôse suochen
in den swarzen buochen.   Tristan 4684 ff.

Schluss.

Wolframs Dichtung behandelt vielleicht zum ersten Mal in der Litteratur des Mittelalters das Motiv des sich durch Dunkel und Verzweiflung zur Klarheit und zum Frieden durchringenden Menschen. Parzival ist verwandt mit dem allerdings viel gröbern, der rauhen Zeit des dreissigjährigen Krieges entsprungenen Simplicissimus, der von seiner Jugend bekennt, der Gestalt nach ein Mensch, dem Namen nach ein Christenkind, im übrigen aber eine Bestie gewesen zu sein; lieber vergleiche ich Wolframs Helden jedoch mit dem eines modernen Romanes, der „sich selbst befreien muss"; denn so bezeichnet das sinnige Märchen der Frau Sorge das Endziel seines Ringens und Strebens.

Namen-Register

der behandelten und angeführten Kinder der mittelhochdeutschen Dichtung.

(Die Zahlen verweisen auf die Seiten.)

Abel 110.
Achilles 47.
Aglie 52.
Alexander 1. 6. 8. 9 ff. 20. 26. 29. 32. 48. 53. 68.
Alexander, der wilde 5.
Alexius 98 f. 101. 102. 108. 115.
Alphart 42.
Alyze 29. 36. 54. 67.
Ambrosius 96. 103. 104.
Amelie 65.
Amor 51 f.
Amphlise 53.
Anastasia 95.
Askanius 52.
Barlaam und Josaphat, Kind in 56.
Beaflor 53. 64. 65.
Benedictus 96. 103.
Berchta mit der langen nase, Kind in Abenteuer von 55.
Bernardus 96. 102 f. 108.
Bethlehemitische Kinder 96.
Blanscheflur 55. 57 ff. 62.
Bouge 8.
Christina 95. 101.
Christus 109.
Clauditte 74.
Crane 48.
Cupido 51 f.
Demantin 52.
Dietleib 6. 32. 35 ff. 40. 42. 48.
Dietwart 9.
Dominicus 96. 102 f.
Düring 54.
Dyocletian 47.
Ebenheim 54.
Elisabeth 97 f. 103.
Engelhard 48. 65 ff.
Engelhard, Kinder des 102.
Engeltrut 65 ff.
Eraclius 102. 105. 108.
Erec 32. 52.
Ernst, Herzog 46.
Erpfe 42; siehe Scharpfe.
Fillis 13. 62. 68.
Vitus 96. 103. 109.
Vivianz 9. 42.
Flore 8. 55. 57 ff.
Flursensephin 75.
Vorauer Novelle, Knaben in 18.
Frederich, Kaiser, die beiden Söhne des 8.
Gahmuret 53.
Gänselein, Knabe in Abenteuer vom 55.
Gawan 48.
Georg, Kind im heiligen 104.
Gregorius 8. 112 f.
Gudrun 51.
Gunther, Sohn Siegfrieds 47.
Gute Frau, Held in 48. 57.
Gute Frau, Kinder in 46.
Hadlaub 54.
Hagen, Grossvater Gudruns 6. 9. 38 ff.
Hartmann 54.

Namenverzeichnis.

Häselein, Mädchen in Abenteuer vom 55.
Hausen 54.
Hector, Kinder des 47.
Heinrich, Armer, Heldin im 75 ff. 114.
Helena, Tochter der 47.
Helmbrecht 49 f.
Hercules 45.
Honberg 54.
Hornberk 54.
Hugdietrich 52.
Isaak 109.
Ismael 109.
Iwanct 21. 34.
Jesu Kindheit, ungenannte Kinder in 81 ff.
Jesus 2. 44. 77 ff. 94. 103.
Johannes der Täufer 2. 94 f. 102.
Johansdorf 54.
Johfrit von Liez 33. 34.
Josaphat 99 ff., 101. 102. 114.
Jüdel 106 f.
Jupiter 45.
Justina 95. 96.
Kaedin 53.
Kain 109 f.
Kardeiz 47.
Karl der Grosse 2.
Kassie 53.
Katharina 51. 95.
Königstochter von Frankreich, Kind in 47.
Kriemhilde 53.
Lanzelet 32 ff. 56.
Lavinia 53. 64.
Lichtenstein, Ulrich von 9. 53. 56. 72 f. 75. 116.
Loherangrin 47.
Mabonagrin 8.
Mahonagrin, Geliebte des 52.
Mai 53. 64. 65.
Mai, Sohn des 47.
Margaretha 95. 96. 101.
Maria 88 ff. 94. 95. 1C2. 109.
Marina 96.
Marner 54.

Martinus 8. 96 f. 114.
Meleranz 9. 48. 57. 68 f.
Meliur 51. 69 ff.
Merlin 109.
Morungen 54.
Moses 105.
Neifen 54.
Nero 109.
Nikolaus 96. 104. 108.
Nuodung 42.
Obie 68. 73 ff.
Obilot 54. 56. 73 ff. 114.
Orendel 8.
Ort 42.
Ortlieb 47.
Papirius 105.
Paris 7. 39. 45 f.
Paris, Kinder des 47.
Partonopier 57. 69 ff.
Parzival 6. 7. 18 ff. 28. 31. 33. 34. 35. 36. 49. 116.
Passional, ungenanntes Kind und Täuflinge in der Geschichte des Ambrosius 104.
Passional, ungenanntes Kind in der Geschichte des Bernardus 104 f.
Patafrid 42.
Paynus 110.
Petronilla 96.
Pilatus 2. 109. 110 f.
Pipin 9.
Pirrus 47.
Quebeleplus 75.
Remigius 96. 103.
Rennewart 27 ff. 54. 67.
Romulus 39.
Scharpfe 42.
Schionatulander 8. 54. 56. 62 ff. 66. 67. 71.
Schüler, Marias Bräutigam 99.
Schwangerer Mönch 55.
Seifrid von Ardemont 48.
Siegfried 9. 38 ff.
Siegfried, Sohn Gunthers 47.
Sigune 54. 56. 62 ff. 65. 67. 69. 71.
Sperber, Mädchen in Abenteuer vom 55.

Tantrisel 55.
Tarsia 51.
Teschler 54.
Titurel 53.
Tristan (Tristant) 7. 8 f. 13 ff. 19. 26.
   32. 49. 113.
Tytomie 68 f.
Uote 109.
V siehe unter F.

Wahsumot 8.
Wigalois 9. 31 f. 36.
Wigamur 32 ff.
Willehalm 9.
Wilhelm von Orlens 32. 48. 65.
Wilhelm von Oesterreich 52.
Wilhelm von Wenden, Kinder in 45.
Wintersteten 54.
Wolfdietrich 7. 8. 9. 27. 40 ff. 48.

www.ingramcontent.com/pod-product-compliance
Lightning Source LLC
Chambersburg PA
CBHW022136160426
43197CB00009B/1308